RISCAR UM FÓSFORO

Blucher

RISCAR UM FÓSFORO

e outros ateliês

VOLUME 3

Marion Minerbo

Revisão técnica

Isabel Lobato Botter
Luciana Botter

Colaboradora

Fernanda de Barros Machado Borges

Riscar um fósforo e outros ateliês – volume 3

Publisher Edgard Blücher
Editor Eduardo Blücher
Coordenador editorial Rafael Fulanetti
Pré-produção: Aline Fernandes
Coordenação de produção Andressa Lira
Produção editorial Departamento de produção da Blucher
Preparação de texto Regiane da Silva Miyashiro
Diagramação Departamento de produção da Blucher
Revisão de texto Juliana Leuenroth
Capa Leandro Cunha
Imagem da capa "Sem título", Marion Minerbo, 2023

Blucher

Rua Pedroso Alvarenga, 1245, 4º andar
04531-934 – São Paulo – SP – Brasil
Tel.: 55 11 3078-5366
contato@blucher.com.br
www.blucher.com.br

Segundo o Novo Acordo Ortográfico, conforme 6. ed. do *Vocabulário Ortográfico da Língua Portuguesa*, Academia Brasileira de Letras, julho de 2021.

Dados Internacionais de Catalogação na Publicação (CIP)
Angélica Ilacqua CRB-8/7057

Minerbo, Marion
Riscar um fósforo: e outros ateliês/Marion Minerbo; revisão técnica Isabel Lobato Botter, Luciana Botter. – São Paulo: Blucher, 2024.
134 p. (Série Ateliê Clínico; vol. 3)

Bibliografia
ISBN 978-85-212-2332-0

1. Psicanálise I. Título II. Botter, Isabel Lobato III. Botter, Luciana IV. Série

24-2737 CDD 150.195

Índice para catálogo sistemático:
1. Psicanálise

Para você.

Conteúdo

Agradecimentos

Em primeiríssimo lugar, agradeço às e aos colegas que apresentaram material clínico nos meus ateliês. Não cito nomes porque, preservando a identidade do analista, não há como identificar o paciente. A alma da Série Ateliê Clínico depende inteiramente de sua generosidade e da autorização final para a publicação.

Às e aos jovens colegas que têm participado dos meus ateliês todos esses anos. Sempre me emociono ao ver que o tipo de discussão que proponho faz sentido e confirma para todos nós a beleza da psicanálise. Foi o que me motivou a compartilhar nosso processo com o público psi.

À Fernanda Machado Borges, minha colaboradora, por sua incrível capacidade de reconhecer, em pleno processo, os movimentos mais importantes dos ateliês e transformá-los em texto. Sem essa matéria-prima preciosa seria difícil produzir esta Série.

A Gabriel Gualtieri, pela cuidadosa leitura e interlocução de cada ateliê. Um leitor qualificado que me conte como estou sendo lida – o que faz sentido e o que não faz, o que está claro e o que precisa ser mais bem explicado – é tudo de bom. É essencial.

À Bruna Paola Zerbinatti, pela quarta capa. É bom contar com uma jovem colega e amiga cuja intimidade com textos lhe permite fazer uma leitura crítica, bem como extrair as ideias essenciais. Saber ler é um talento.

À Isabel Lobato Botter e Luciana Botter, que há anos me acompanham na lida com as palavras. Fico feliz com o "retorno de AnaLisa", a jovem colega que veio ao mundo com os *Diálogos sobre a clínica psicanalítica* (Blucher, 2016). Estava sentindo sua falta. Agradeço demais pela leitura, pela ajuda com a bibliografia e pelo amoroso trabalho de revisão.

À Liana Pinto Chaves, pela amizade de tantos anos e pela generosa hospedagem por ocasião da minha estadia no Brasil no verão de 2023. Foi na tranquilidade proporcionada por seu acolhimento que foi cravada a pedra fundamental da *Série Ateliê Clínico.*

À Cris Rocha e Kika Levy, minhas queridas mestras na arte da gravura. Nosso reencontro a cada ano me faz sonhar. Estar grávida de um livro é também sonhar com a capa e produzir a gravura que vai ilustrá-la.

Ao maravilhoso time da Blucher, pelo entusiasmo com que acolheram a proposta.

Às minhas leitoras e aos meus leitores. Escrevo para vocês.

Algumas palavras

Este é o terceiro volume da *Série Ateliê Clínico*. Embora cada volume possa ser lido de forma independente, recomendo ao leitor começar a jornada pela leitura do primeiro volume, no qual justifico a pertinência e apresento os pressupostos teóricos que formam o pano de fundo do meu trabalho.

Cada ateliê nos confronta com um desafio diferente. O relato mostra o esforço que precisamos fazer para reconhecer "quem" é o paciente que está na nossa frente de modo a conduzir aquela análise de forma mais produtiva. Mostra também como cada ateliê é a ocasião para integrarmos teoria e clínica e discutirmos questões pertinentes àquele caso.

Quando me perguntam como eu gostaria que trouxessem o material clínico, explico que não quero as tradicionais sessões dialogadas porque me dão a sensação de material clínico fixo em formol. Prefiro uma apresentação espontânea, viva, de qualquer coisa que tenha chamado a atenção do ou da colega que está apresentando o caso. A ideia é irmos construindo o caso juntos, ao longo do ateliê.

O primeiro ateliê deste volume ("Riscar um fósforo") trata de Jair, que patina em sua vida amorosa pelo recalque excessivo da sexualidade infantil. O analista terá de se haver com a transferência erótica, navegando entre o risco da sedução e o da rejeição.

No segundo ("O porco-espinho"), Leo luta contra a certeza de não ser digno do amor do objeto. Ele se defende desse sofrimento invertendo a situação, mantendo o objeto à distância com seus "espinhos" – a analista terá de elaborar o medo na contratransferência.

No terceiro ("Quero ter uma namorada"), vamos conhecer John. Ele não sabe que sofre de uma "incomunicabilidade primária" que o impede de se sentir parte da comunidade humana. Não por acaso, é uma análise conduzida em inglês.

Nos três relatos, você vai reconhecer meu método de "ir construindo o caso" ao longo dos quatro encontros. E vai poder acompanhar de que modo as hipóteses e o pensamento clínico elaborado revertem para a condução daquela análise.

Ateliê 1
Riscar um fósforo

Escolhi este ateliê porque aborda a transferência erótica passional, que é sempre um desafio para nós. Tenho um carinho especial por ele, pois, de surpresa em surpresa, fomos levados a criar-achar a teoria sobre a neurose. A sexualidade infantil está presente nos quatro encontros e se organiza como histeria masculina.

No primeiro encontro, após um começo um tanto confuso, reconhecemos a posição subjetiva infantilizada que o paciente ocupa na vida, indicativa do recalque da sexualidade. O segundo nos brindou com a revelação do amor escondido na transferência e seu complemento contratransferencial: o cuidado extra do analista para não seduzir seu paciente. Já no fim do terceiro encontro, o paciente nos presenteou com o material mais lindo deste ateliê. Não digo mais para não estragar a surpresa. O quarto encontro não trouxe grandes novidades. Nem precisava, depois da intensidade dos três primeiros!

Hesitei entre três títulos igualmente perfeitos para este ateliê: "Amor escondido", "Riscar um fósforo" ou "Amor é fogo que arde sem se ver". Depois de ler o ateliê, que título você daria?

Primeiro encontro

Nosso colega traz alguns dados básicos. Jair tem 50 anos, é empresário e está em análise há dois anos. Na entrevista, diz que está muito angustiado e se sente muito sozinho. Além do trabalho, cuida da mãe que está doente. Quando o colega pergunta o que o deixa angustiado, Jair diz que não consegue colocar limites e por isso as pessoas abusam dele. Durante um tempo fica paralisado, mas vai ficando com ódio do abuso até explodir. Depois, sente-se culpado.

M – TEM ALGUMA HISTORINHA QUE NOS AJUDE A ENTENDER DO QUE SE TRATA?

Sim, tem.

> *Tenho quatro funcionários que trabalham na minha empresa. Trato todos da melhor maneira possível. Ofereço a todos os benefícios e atendo a todas as solicitações. Mas eles me tratam mal. Eu me sinto desconsiderado e humilhado. Acho muito injusto.*
> *Me sinto rejeitado. Se chamo um deles para fazer um serviço, ele nem me responde. Se vou cobrar alguma coisa que não ficou bem-feita, eles ficam bravos comigo e ameaçam procurar outro emprego. E eu não posso mandá-los embora porque são eles que carregam a empresa nas costas. Tenho medo de perder esses funcionários e a empresa ir para o buraco.*

Meu primeiro passo, em termos de pensamento clínico, é tentar reconhecer se estou pisando em terreno neurótico ou não neurótico, pois há implicações clínicas importantes e distintas em cada um dos cenários (Minerbo, 2019). Para tanto, precisamos da escuta analítica. Vejamos.

Essa historinha é muito útil porque mostra a inversão de papéis. Ao invés de os funcionários terem medo de perder o emprego, é ele que tem medo de perder os funcionários e ficar desamparado. Ele está no lugar da criança dependente. E esses funcionários? Que tipo de objeto representam? Será que representam uma Entidade todo-poderosa (Jair diz que eles carregam a empresa nas costas)? Ou representam algum outro tipo de objeto que nos cabe ainda reconhecer?

Tenho usado o termo Entidade (Minerbo, 2023) para falar de um objeto primário, classicamente a Mãe Arcaica, mas pode ser qualquer personagem que tenha as características de uma imago primitiva aterrorizante. Penso em um objeto interno/externo cujo amor pode salvar/completar a criança, mas cujo ódio pode destrui-la (nesse caso, é a empresa que representa a criança-em-Jair). No Capítulo 2 – "Você sabe para que serve uma análise?", do volume 1, vimos que uma tia, uma irmã, uma empresa e uma filha podem representar esse objeto poderoso impossível de ser confrontado.

Quando encontro essa figura na clínica, o sujeito está numa posição complementar, envolvido em uma luta de vida ou morte com ela. Temos o que Klein (1946/1991) descreveu como angústia persecutória, típica da posição esquizoparanoide. O Eu está lutando por seu direito de ser e de existir.

Já na neurose predominam angústias ligadas à gestão do prazer e da agressividade. Os objetos internos/externos são mais nuançados, menos terríveis. O mundo está dividido entre os "grandes" – as figuras edipianas, ou seja, os adultos com todos os seus privilégios, inclusive o direito a uma vida sexual – e os pequenos, isto é, a criança-no-paciente, imatura e inocente. A criança não luta para sobreviver, mas para merecer o amor dos "grandes".

M – JAIR DIZ QUE TENTA ATENDER A TODAS AS SOLICITAÇÕES DOS FUNCIONÁRIOS. COMO VAMOS ENTENDER ISSO?

Levanto, a princípio, duas hipóteses: será que ele tenta merecer o amor dos funcionários na condição de "os grandes" que sabem como cuidar da empresa, enquanto ele/a criança se sente incapaz e despreparado para enfrentar a vida como ela é? Ou será que ele tenta fugir do ódio assassino da Entidade que pode se vingar dele, abandonando-o, e à sua empresa, à própria sorte/falência/morte?

Com base no material que temos até agora, vejo os funcionários como representantes da Entidade. Mas o segundo encontro nos obrigou a mudar de rota. Essa é uma das vantagens do ateliê: como temos quatro encontros, há tempo para formular hipóteses e descartá-las.

Uma historinha[1] não é apenas o relato de uma "realidade". É também material a ser interpretado. Do ponto de vista de Jair, seu problema é que ele *não põe limites e acaba explodindo*. Ele parece esperar que a análise lhe ensine a pôr limites para não explodir depois, mas nós não precisamos comprar o conteúdo manifesto tal qual. Numa outra escuta, uma vez que ele vê os funcionários como

---

1 Tenho usado o termo "historinhas", que já faz parte de um léxico compartilhado nos meus ateliês, porque parece se referir ao relato de assuntos que parecem banais e desimportantes. Ou que já ouvimos tanto que já não conseguimos escutar analiticamente. Insisto muito na riqueza das historinhas, pois é lá, na repetição delas, que está o material que, ao ser interpretado, permite ao paciente retomar o processo de simbolização interrompido pelo traumático.

Entidade, tem medo deles e não consegue confrontá-los (que ele chama de colocar limites).

Vejam: se os funcionários não fossem vividos, transferencialmente, como Entidade, mesmo que pedissem demissão, Jair não temeria morrer desamparado. Daria um certo trabalho, é claro, mas Jair acabaria substituindo essas pessoas por outras. No entanto, quando os funcionários são vividos transferencialmente como Entidade, então a ameaça de demissão é um verdadeiro desastre – vemos aqui a angústia de morte (a empresa, seu ganha-pão, vai para o buraco).

Desse modo, o que traz Jair para análise são as complicações decorrentes de "enxergar" os funcionários – e provavelmente outros suportes transferenciais no cotidiano – como Entidade. Quando puder desconstruir a Entidade, Jair poderá colocar os limites que julgar adequados. Quando perder o medo dos funcionários, passará a ser respeitado por eles.

M – Jair tem alguma hipótese sobre por que os funcionários o tratam assim?

Elenco aqui algumas possibilidades. Ele pode achar que os funcionários têm inveja porque queriam ser os donos (nesse caso, ele seria um homem potente/grande atacado pelos rivais). Ou ele pode achar que os funcionários são "os grandes" fazendo troça/*zombando* do "pequeno". Ou ele pode achar, ainda, que os funcionários não gostam dele por algum motivo específico que nos cabe descobrir. Jair acha que ele simplesmente não é uma pessoa gostável.

Outras historinhas vão desenhando a sua posição subjetiva com mais clareza.

> *Eu tinha uma funcionária que estava comigo há 10 anos. Ofereceram sociedade numa empresa e ela aceitou. A*

> *gente se dava muito bem, ela era meu braço direito. Me senti traído, mas entendi o lado dela. Só que depois ela viu que foi iludida por uma proposta mentirosa. Fiquei com raiva porque ela me abandonou, mas fiquei com pena. Eu gostava dela e ela quebrou a cara.*

Esse material sugere a presença de uma figura materna amorosa, mas inoperante – talvez por ser infantilizada (acreditou ingenuamente numa proposta mentirosa). Além disso, ela escolheu a empresa "rival" (que ofereceu sociedade), o que indica a presença de uma triangulação edipiana: Jair perdeu a funcionária para o terceiro. A figura materna só voltará a aparecer no quarto encontro.

~

E agora vem a parte que Jair vinha adiando revelar.

> *Meus funcionários debocham de mim. Me chamam de bichona.*

M – Como entender esse material?

Os funcionários-Entidade fazem *bullying* com ele. Desprezam, humilham. Mas, como veremos, ele atrai o *bullying* por estar numa posição subjetiva infantilizada. E como será que ele foi parar nessa posição? Não sabemos. Em compensação, sabemos que Jair fica paralisado de terror. Imagina que, se reagir, se "colocar limites", vai dar munição para ser mais atacado e ficará desamparado, já que não conta com a funcionária que gostava dele. Se essa figura materna fosse menos infantilizada, poderia fazer o meio de campo – o papel de terceiro – entre ele e a Entidade, e talvez o cenário fosse muito diferente.

No caso de Jair, tenho a impressão de que o suporte transferencial da Entidade é a figura paterna. Com exceção da funcionária que o abandonou, ele se move em um universo eminentemente masculino. Vemos como ele fica passivo frente ao que parece ser um ataque ao seu narcisismo. Vemos também como ele faz de tudo para conseguir seu amor, mas consegue apenas seu desprezo. Quanto mais o menininho bonzinho e carente corre atrás do amor do papai (os funcionários), mais ele é rejeitado, *justamente por estar nessa posição subjetiva*.

Quando trago a imagem do menininho bonzinho, o colega que apresenta o caso faz uma associação importante. Quando Jair fica frustrado e se sente desconsiderado, toma suquinho de maçã. Não uma caixinha, mas dez de cada vez. Ele está obeso, tentando perder peso, e por isso entende a compulsão como ataque à sua dieta. Porém, nós não precisamos embarcar na ideia de que se trata de um comportamento autodestrutivo, como ele tenta sugerir.

M – O QUE MAIS PODERIA SER?

Chupar compulsivamente o canudinho das caixinhas do suquinho de maçã me remete a uma criança buscando consolo na sua querida chupeta. Esse comportamento pode representar a busca do prazer erótico ligado à oralidade – o canudo tanto pode ser o seio da mãe quanto o pênis do pai – mas as dez caixinhas de suco podem representar também a busca de um "barato" sensorial para aliviar angústias primitivas – no caso, o medo de ser destruído pela Entidade. E, como qualquer adição, pode condensar as duas: prazer erótico + alívio de angústias primitivas.

O que diz a clínica? O que está em primeiro plano na relação com os funcionários? A luta para conseguir seu amor? Ou a luta para evitar seu ódio/fim da empresa? Podemos colocar a mesma pergunta de outra maneira: eles representam uma figura paterna potente e viril, num Édipo invertido de uma organização neurótica? Ou representam a Entidade – uma figura arcaica persecutória numa organização não neurótica?

Seguimos tentando reconhecer em que terreno estamos pisando: neurótico ou não neurótico. São organizações psíquicas totalmente diferentes que exigem abordagens clínicas distintas. Essa dúvida será esclarecida no próximo encontro, mas, por enquanto, vamos manter o suspense.

~

Nosso colega continua trazendo material clínico. Diz que Jair só se relaciona com "pessoas interditadas" (o termo é do analista). Por exemplo, passou dez anos apaixonado por um homem casado. Encontravam-se duas vezes por ano. Não ficava claro se esse homem não queria se relacionar com Jair, ou se queria, mas, por qualquer razão, não podia, ou não se autorizava. E aqui entra o personagem central dessa análise: o personal trainer. Como ele precisa perder peso, começou fazendo aulas com esse profissional. Desenvolveram uma amizade, mas ele logo começou a "querer mais". Só que o personal é "interditado" porque é heterossexual.

> *Meu personal é um macho alfa sedutor. Percebeu que eu estava apaixonado e passou a usar seu poder de sedução para se aproveitar de mim. Ele sabe que tenho dinheiro e que preciso perder peso, então quanto mais aulas eu quiser ter, melhor para ele. Sei que estou sendo usado e*

> *já tentei me afastar. Parei com as aulas por um tempo, mas ele me chamou de volta. Não resisti e voltei. Quando estou com ele, ou quando recebo mensagens, meu dia se ilumina. Sei que não irá para frente, mas, mesmo assim, essa amizade é muito importante para mim.*

Jair pensa no personal o tempo todo. Chegou a ficar esperando por ele durante horas na saída de um bar, colocando-se numa situação humilhante. Ele não quer, mas também não consegue, sair dessa relação que está lhe fazendo mal. Segundo nosso colega, o personal é *ambíguo*. Ora dá a entender que poderiam ter um caso, ora dá a entender que isso nunca vai acontecer. O paciente fica confuso e se sente preso numa teia de aranha, pois não perde as esperanças de que um dia possam ficar juntos.

Curiosamente, essa suposta ambiguidade lembra a do relacionamento com o homem casado, com quem se encontrava apenas duas vezes por ano. Nas duas situações, Jair fica capturado na teia do desejo do outro, tentando decifrar o que parece ser uma ambiguidade por parte deles. Ou seria na teia do seu próprio desejo? Ou ambos?

A interpretação do material clínico indica que a travessia edipiana está travada. A parte adulta sabe que não vai rolar porque o personal é hetero, mas é um saber intelectual que não foi emocionalmente integrado, tanto que a criança-nele nunca perde as esperanças de vir a ser amado pela figura paterna.

Vejam que, com a entrada do personal em cena, saímos da hipótese de terreno não neurótico. Ele é descrito como um "macho alfa sedutor": uma figura paterna potente e viril. Ele definitivamente não representa uma Entidade. Não há angústia persecutória. Estamos falando de desejo, de uma relação amorosa potencialmente incestuosa entre uma figura paterna (personal) e a criança (seu aluno). Estamos falando também de interdição (ele é hétero), o que indica terreno edipiano – um Édipo invertido.

Atenção para o que diz a teoria sobre a neurose (Freud, 1924/2011). A interdição que pesa sobre o Édipo, tanto em sua vertente positiva quanto invertida, tem a ver com o incesto e, portanto, com a *diferença entre as gerações*. No material que estamos examinando, o *suporte transferencial da interdição* é o fato de o personal ser hétero e desejar mulheres. A interdição não reside no fato de Jair ser gay. Ela reside no fato de que o personal/pai/viril deseja um objeto *sexualmente maduro*, e não a criança sexualmente imatura.

Repetindo: o personal hétero *representa* – é uma representação de – uma figura paterna interditada. No conteúdo *manifesto*, é porque deseja mulheres, e não homens. No *latente*, é porque o pai tem uma sexualidade adulta e deseja outro adulto, e não a criança-em-Jair. Se desejasse, seria um pai incestuoso, o que a interpretação do material mostra que ele não é.

~

O personal representa a figura paterna amada, mas impossível. Numa travessia edipiana mais ou menos bem-sucedida, o menino acaba desistindo e renunciando a esse objeto de amor. O ambiente precisa colaborar para que essa travessia seja possível, mas aqui o material indica que ele não ajudou.

M – EM QUE ELEMENTOS DO MATERIAL CLÍNICO ME BASEIO PARA PROPOR ESSA CONSTRUÇÃO?

Primeiro, o personal é descrito como sedutor e ambíguo, isto é, ele não coloca a interdição com clareza. Jair sente que o personal o mantém gravitando em torno de si (para não perder um aluno? Por gostar de Jair?), o que torna a renúncia edipiana mais difícil.

Além disso, há mais um aspecto da figura paterna que complica as coisas. Ele (os funcionários) despreza e humilha a criança por ser quem ela é: uma criança (é como escuto o termo "bichona"). A ferida narcísica também torna a travessia edipiana mais difícil. São dois aspectos da figura paterna que mantêm Jair numa posição infantilizada.

Nesse ponto, alguém pergunta "como é com o analista?". A pergunta procede. O analista pode ser visto como um *personal da mente*, e ambos – analista e personal – representam o mesmo objeto. A diferença entre esses dois suportes transferenciais é que o analista *sabe* que é uma figura alvo de transferência e vai trabalhar a partir disso. O personal toma a paixão do aluno como se dirigindo a ele *pessoalmente*, e não a quem ele representa transferencialmente.

Contudo, de que serviria, neste momento, dizer a Jair que o personal representa o analista? Não é melhor dar corda para ver quais são as historinhas envolvendo o personal?

~

Pausa na discussão clínica para conversarmos um pouco sobre o personal enquanto objeto interno/externo. Essa é a ideia que considero a mais difícil de ser assimilada e usada na clínica pelos colegas em formação.

Muitos têm a impressão de que o analista nega a vida real dos pacientes em favor do mundo interno. É uma crítica frequente, embora seja ainda mais comum ignorar o mundo interno em favor da "realidade". Coube a Winnicott (Abram, 2000) formular a ideia de que, para a psicanálise, um objeto qualquer não se situa OU na realidade interna OU na realidade externa. Ele não é OU uma fantasia criada pela realidade psíquica, OU uma realidade concreta e objetiva. Paradoxalmente, o objeto se situa no espaço potencial entre dentro e fora; ele é, ao mesmo tempo, *criado e achado*. Esse autor insiste na ideia de que o paradoxo não deve ser resolvido. É preciso tolerá-lo e trabalhar com ele, a partir dele.

O maior exemplo de paradoxo a ser tolerado é a transferência. Já nos acostumamos com esse conceito, mas, pensando bem, é totalmente bizarro. O analista é uma pessoa real que sente, pensa, reage e interage com o paciente. Ao mesmo tempo, é o representante de um objeto interno com mil características próprias que nos comprometemos a acolher quando aceitamos o paciente em análise. O analista é um objeto criado-achado: criado a partir da realidade interna do paciente e, ao mesmo tempo, encontrado com suas características próprias na realidade externa.

Mil anos atrás, o colega Otávio Salles usou o seguinte exemplo sobre tolerar o paradoxo da transferência: "se o paciente diz que você tem um primo paraguaio, então você tem um primo paraguaio". Não vamos confirmar nem desmentir essa afirmação. Dizer a ele "você está enganado, eu não tenho um primo paraguaio" é recusar a transferência, quando somos pagos para acolhê-la. Vamos trabalhar aceitando "ter um primo paraguaio" pois, se não fizermos isso, não chegaremos a entender o que isso significa para esse paciente. Ou seja, sem isso, não há análise.

Na prática, tolerar o paradoxo significa não tentar descobrir se os personagens ou as situações são ou não são tal como o paciente as descreve. A ideia de que ele está "distorcendo" a realidade não faz sentido para nós, que estamos interessados na realidade psíquica. Pois – e essa ideia funda a nossa prática – só podemos ter acesso à realidade psíquica pelo modo como o paciente descreve a realidade tal como a vê. A realidade tal como o paciente a descreve é criada-achada. Isso nos dispensa da tarefa (absurda) de ter que saber quem o personagem é "na realidade".

Dessa forma, os personagens que aparecem nas historinhas são objetos externos e internos *ao mesmo tempo*. Eles existem na "vida real", mas, quando aparecem no relato, serão escutados *também* como representação de um objeto interno. Esse é o estatuto metapsicológico do personal, tal como aparece no relato de Jair.

Continuando nessa discussão. Vamos imaginar uma criança que brinca com seus bonequinhos de super-heróis. Ela cria histórias – o herói pode vencer os maus, pode passar por muitos apuros e sobreviver, ou pode ser morto pelo inimigo. Pode ser um herói solitário, ou pode ter amigos. As possibilidades são infinitas. É claro que o bonequinho é uma representação da criança. Seus aspectos narcísicos grandiosos a serem admirados, ou a sua vulnerabilidade e o medo de não dar conta; seja lá o que for, tudo isso está sendo colocado em jogo na historinha. E para que a criança coloca suas questões em jogo? Para que elas encontrem "sepultura simbólica" (que bela expressão de Roussillon!), isto é, para que possam ser simbolizadas, integradas e, assim, *possam descansar em paz*. Enfim, o passado ficará no passado para que a pessoa possa seguir em frente, vida que segue.

Agora: ninguém vai estragar a brincadeira dizendo "esse Homem-Aranha é você". Primeiro, porque a criança diria que não é verdade, aquele é o Homem-Aranha e pronto. Em vez disso, vamos acompanhando e traduzindo para a criança sua posição subjetiva, tal como ela a descreve e expressa na historinha. Por exemplo: "puxa, como esse Homem-Aranha trabalha, né? Tem que vencer muitos inimigos! Ele está com medo? Ele pode contar com a ajuda de alguém, ou tem que fazer tudo sozinho?

Pois bem: essa abordagem vale também para nosso trabalho com o material clínico de adultos. Vamos considerar que o personal é um bonequinho de ludo. Nesse caso, ele não representa a criança, como o super-herói, mas sua figura parental. O analista não vai estragar tudo dizendo "o personal sou eu". Vamos dar corda para ver como as historinhas descrevem a posição subjetiva de Jair em seu vínculo com a figura parental até que o momento de interpretar a transferência esteja maduro. Enquanto isso, vamos acompanhar o material que parece se referir exclusivamente ao que acontece "lá fora" (entre ele e o personal), tendo em mente que a criança-em-Jair está colocando em jogo o que está à espera de simbolização. Fim deste longo parêntese!

Um dos participantes do grupo pergunta qual seria a atitude de um pai que ajuda o menininho na travessia do Édipo invertido. Excelente pergunta! Porém, a resposta é sem graça: basta ser um pai suficientemente bom.

Em linhas gerais, é um pai que resolveu de modo suficiente as questões narcísicas e edipianas com seus próprios objetos internos/externos. Idealmente, não faz um uso narcísico da criança. E consegue equilibrar o "namoro" necessário com limites claros. Não se defende, rechaçando, angustiado, as investidas amorosas do filho, nem "passa do ponto", numa atuação incestuosa. O mesmo vale para o analista: ele acolhe a transferência (como acolho a afirmação de que "tenho um primo paraguaio") sem gratificar nem rejeitar o paciente. É a partir desse lugar (difícil de ser sustentado) que posso ajudar o paciente a elaborar tudo isso.

Outro participante pergunta se, ao escolher pessoas interditadas, Jair não estaria criando uma situação em que vai necessariamente sofrer. Não haveria algo de ativo na busca de uma vitimização?

Mais uma pergunta excelente! Até que ponto o sujeito não é responsável pelo seu sofrimento? Haveria um traço masoquista? Costumo dar duas respostas a essa pergunta.

A primeira é que o termo "responsável" supõe um sujeito em condições de fazer escolhas. Se escolho fumar, tenho que saber que posso ter um câncer de pulmão relacionado ao tabagismo. Porém, se é uma compulsão/adição, então é algo que não consigo controlar. É mais forte do que eu porque estou sendo agido por forças inconscientes. A dependência – qualquer dependência – é apenas um sintoma de um buraco que é mais embaixo.

Obviamente, posso vir a ter câncer, mas não seria justo, nem correto, do ponto de vista metapsicológico, dizer que adoeci "porque quis" (fumei por opção, escolhi fumar). Não seria justo dizer que sou masoquista ou autodestrutiva pois, para aguentar a angústia que provém de um traumático não simbolizado, fumar ainda foi a melhor solução que encontrei. O fato de que vou morrer não altera em nada esse fato. Não tive alternativa a não ser recorrer à defesa possível, mesmo que ela acabe me matando.

De modo que ser "responsável" por seu sofrimento supõe que o sujeito tenha *autonomia em relação ao seu objeto interno* (Minerbo, 2023), mas o sofrimento psíquico é causado justamente pela *falta de autonomia*. Respondendo à colega: Jair não se apaixona por vários homens interditados por escolha, mas por falta de escolha – ele está submetido à compulsão à repetição. E esta, não vamos nos esquecer, se perpetua enquanto o material psíquico não for elaborado e integrado.

A segunda resposta à excelente pergunta da colega é um esclarecimento sobre o que significa escuta analítica.

Ninguém vai negar que o personal existe, é hétero e Jair sofre porque está apaixonado e provavelmente não vai rolar um romance. Como vimos, no entanto, quando ele me conta essa *historinha em sessão*, o personal é um objeto interno/externo. Vou escutá-la como representação de uma situação edipiana encalacrada. Por meio dessa historinha, o paciente está me apresentando/mostrando/contando/revelando/expressando algo do sofrimento psíquico vivido na relação com a figura paterna que ainda está em busca de elaboração e de integração. Quando isso for possível, ele vai conquistar autonomia em relação ao objeto interno e tornar-se capaz de fazer escolhas não sintomáticas. Serão escolhas no sentido forte do termo, e aí sim ele será responsável por elas.

~

Mais um trechinho de material clínico.

> *Meu pai nunca estava disponível para mim. Ou ele passava o domingo na TV, ou estava fora bebendo, e aí ficava violento. Ele tinha uma arma. Lembro dele jogando pratos contra a parede. Passei minha vida atrás de migalhas de atenção. A culpa de eu ser gay é dele.*

A dificuldade com esse material é que Jair nos apresenta uma teoria pronta e "fechada" que funciona como resistência. Resistência a quê? Segundo Freud, ao próprio processo. Mas mesmo que fosse verdade, nós não vamos dizer: "sim, é isso mesmo, você é gay porque teu pai te rejeitou". Para que o processo seja clinicamente produtivo, precisamos dar um jeito de mantê-lo permanentemente "aberto". Obviamente não vamos reclamar nem descartar o material clínico por seu caráter resistencial. Nosso trabalho é encontrar maneiras de abrir brechas.

Vejo algumas alternativas.

Podemos trabalhar com a *função* dessa fala. Com quem – com que figura transferencial – Jair pensa que está falando? E para quê está dizendo essas coisas? De que maneira essa fala convoca o analista em sua contratransferência? Será que ele quer ouvir do analista algo como "tem razão, vou ser o pai que você não teve"? Se for isso, a função da fala é convocar o amor do analista.

Ele também está dizendo que, em vez de ficar com ele, o pai preferiu a TV e a bebida. E só pode ser por um motivo: o pai *não se importa* com ele. O conteúdo manifesto é que o pai não prestava, mas, nas entrelinhas, surge o ciúme da TV e da bebida, rivais mais amados do que ele. Do ponto de vista da criança edipiana que não sabe o que é a dependência química, o pai bem que podia lhe dar uma prova de amor e abandonar a bebida.

As duas hipóteses falam, de alguma maneira, da luta para vencer o rival e conseguir o amor do objeto edipiano, o que configura uma forma de subjetividade histérica.

E há também outra hipótese, mas por enquanto faltam elementos no material clínico. Já vi muitas vezes um pai do tipo "machão" ter pavor de "amar" seu menininho. A rejeição esconde/trai um amor que se desconhece enquanto tal. O pai se torna "machão" à custa de um recalque importante de sua própria homossexualidade infantil. Ele atua com o filho questões não resolvidas do seu próprio Édipo invertido.

Enfim, muitas hipóteses, muitas dúvidas. Vamos ver o que os próximos encontros nos reservam.

Segundo encontro

O colega traz mais uma historinha.

> *Foi aniversário do personal. Ele está sofrendo muito porque vai se mudar de cidade para trabalhar e vai ter que se separar do filho. Como presente de aniversário*

mandei fazer uma caneca com uma foto dos dois. E escrevi um cartão: aonde for, quero ser seu par.

M – COMO ENTENDER ESSE MATERIAL?

Essa historinha traz um tema novo. Ao invés de falar de uma relação amorosa que não rola, fala de uma que rola. O pai é apaixonado pelo filho. Melhor dizendo, temos *um* pai apaixonado por *um* filho – a frase vale para o personal e seu filho, mas vale para a criança-nele e o personal no lugar de figura paterna. Na nossa escuta, está identificado com o filho amado.

A historinha traz também a ideia de um amor que não precisa ser escondido. O personal assume plenamente o amor por seu filho. Então isso existe! Admira o personal por ser um bom pai, e admira (sente inveja? tem ciúme?) a força do vínculo que ele tem com o filho.

Aqui, proponho exercícios de intervenção. Como poderíamos interpretar essa historinha? O que dizer para dar corda e ver com o que mais ele associa? Imagino intervenções que sirvam ao mesmo tempo para o conteúdo manifesto – o personal e seu filho – e para a relação entre a criança-nele e sua figura paterna.

- *Parece que você fica surpreso de ver pai e filho se dando bem.*
- *Você curte ver pai e filho se dando bem.*
- *Você gostaria de ser amado assim pelo personal?*
- *'Aonde for, quero ser seu par'. Essa frase diz muitas coisas, né? [é um convite para ele continuar associando.]*
- *Que maravilha, um amor que não precisa ser escondido!*

Diante dessa última intervenção, e para nossa surpresa, nosso colega se lembra de mais uma historinha. As associações livres do analista durante o ateliê são sempre uma preciosidade. Aqui, como veremos, ela torna visível o recalque da sexualidade no próprio campo transferencial. Vamos ao que interessa:

> *Fomos treinar e o personal colocou a música 'Amor escondido'. Será que ele faz sem querer, ou faz para me seduzir, para eu achar que ele está a fim de mim, quando não está? Não estou mais mordendo essa isca. Estou conseguindo seguir meu tratamento para emagrecer.*

Já sabíamos que o personal, tanto quanto o analista, são figuras de transferência. Pacientes se apaixonam pelo analista, alunos pelo personal: ambos ocupam uma posição de "cuidar" análoga à da figura parental e, por isso, *acordam* o amor da criança-no-adulto[2], mas isso ainda era uma possibilidade teórica. Se interpretássemos antes, talvez fosse prematuro. Forçar a barra poderia levantar resistências. Agora, porém, com a associação do colega, as peças se encaixam e a escuta diretamente transferencial se impõe: a de um *amor escondido* entre analista e paciente!

Um participante do ateliê pergunta se a música "Amor escondido" que o personal toca durante a aula não poderia ser escutada

---

2 Sigo Sándor Ferenczi (1909/1991, p. 98) quando fala da criança no adulto, mas acrescento o hífen para deixar claro que se trata de um conceito: o infantil (e/ou o arcaico). É uma referencia aos restos não integrados da nossa história emocional, à cicatriz viva de um passado que não passou, e que continua produzindo efeitos em nossas vidas.

como mais uma manifestação de sua ambiguidade, em vez de nos encaminhar para o amor escondido entre paciente e analista. A pergunta é excelente.

Nada nos impede de ver aí a ambiguidade, ou mesmo a atitude sedutora do personal. É exatamente o que Jair pensa e quer ouvir de nós. Em compensação, tendo como pano de fundo os casos de histeria de Freud, tendo lido sobre o amor de transferência – além, é claro, da minha própria experiência clínica – quando escuto a expressão "amor escondido", o sentido transferencial se precipita (no sentido químico) imediatamente.

No famoso caso Dora (Freud, 1905/2016), a jovem paciente acusava o Sr. K de tentar seduzi-la em várias ocasiões (antes dela, outras pacientes igualmente histéricas relatavam ter sido seduzidas pelo pai ou por figuras equivalentes), mas Freud só relacionou essa figura a ele mesmo quando, subitamente, Dora interrompeu a análise. Foi quando ele pôde interpretar essa atuação como repetição transferencial do conflito com a figura paterna.

Talvez não seja absurdo pensar que, de alguma forma, o personal é o Sr. K. de Jair. Nesse sentido, temos a obrigação de perguntar: afinal, *quem está tentando seduzir quem*? Seria Jair que, a partir da sexualidade infantil, acusa o personal de sedutor? Ou será que a sexualidade infantil está de fato sendo incendiada por um adulto sedutor? Possivelmente, as duas se complementam. O importante é que, sem saber, ele nos entrega de bandeja o amor edipiano que sustenta esse campo transferencial.

Vejam que interessante. Não foi preciso caçar a transferência. Ela se impôs "de dentro" do material clínico! Uma vez formulada, essa hipótese faz todo o sentido para o analista e coloca em movimento uma associação preciosa. Nosso colega se lembra de como esse paciente chegou ao consultório e qual é o clima na sessão.

> *Jair chegou indicado por uma amiga. Curiosamente, todas as indicações dela deram errado, com exceção desta. [Suponho que ele está tentando dizer que rolou algo de bom entre eles.] Ele entrou, olhou para a decoração e me perguntou: você é gay? E, já na sala de atendimento, viu uma porta fechada, foi lá e abriu. Era a porta do meu banheiro.*

Não é difícil reconhecer a curiosidade sobre a sexualidade do analista. O que será que ele esconde atrás da "porta"? Quais seus segredos inconscientes e inconfessáveis? Enfim, Jair já chegou "querendo mais", tal como relata ter acontecido com o personal. Por tudo isso, imaginei que poderia ser um paciente chato, um tanto invasivo ou muito demandante. Isso me leva a perguntar ao nosso colega:

M – QUE TIPO DE PACIENTE É JAIR? TEM ALGO A NOS DIZER SOBRE A CONTRATRANSFERÊNCIA?

O colega não acha Jair inconveniente. Há momentos em que é leve e divertido. É um prazer estar com ele. Há outros em que é pesado. Contudo, tem medo de riscar um fósforo e acender uma paixão que depois vai ser difícil de conter.

Oppss! E essa revelação vem, assim, como se fosse um mero detalhe! Medo de riscar um fósforo e desencadear um incêndio transferencial! Com essa imagem, apreendemos imediatamente o *clima* na sessão, do qual até agora não tínhamos notícia.

Essa é uma observação muito frequente nos ateliês. O/a colega prepara o material, algumas vezes por escrito, outras como tópicos. Há um controle racional sobre o que pode/deve aparecer. O material vem organizado pelo processo secundário do/a analista. Porém, durante o ateliê, ele/a "relaxa" e, conforme o que está acontecendo, surgem espontaneamente associações livres. O processo primário assim mobilizado traz elementos inconscientes e preciosos que ajudam a reconhecer de que campo transferencial-contratransferencial se trata.

Nesse caso, o "detalhe" demorou para aparecer e veio como associação livre, quer dizer, pela mobilização do processo primário do analista. É a melhor maneira de ter acesso à contratransferência que, por sua vez, indica a transferência, já que são duas posições subjetivas complementares. Vejam como a posição subjetiva do analista "medo de riscar um fósforo" *complementa e perpetua* a posição subjetiva do "amor escondido" do paciente.

Nesse campo transferencial-contratransferencial, enquanto o amor estiver escondido, não há o que temer. O mais interessante é que o recalque envolve a dupla; não é só o paciente que se defende: o analista também! O que será que ambos temem?

~

O levantamento do recalque começa quando o analista reconhece que tem medo de riscar um fósforo; tem medo da intensidade da transferência erótica, sem dúvida porque a paixão pelo personal indica sua tenacidade, mas vejam que interessante: em tese, o analista não está riscando fósforo nenhum, está apenas fazendo seu trabalho. Porém, faz parte do seu trabalho reconhecer que tem medo de estar identificado a uma figura interna sedutora. Será preciso elaborar a contratransferência para conseguir cutucar esse vespeiro, em vez de ficar dando voltas em torno dele.

Parênteses para falar do trabalho analítico com a transferência erótica. Não importa qual seja a orientação sexual do paciente ou a do analista, não vamos negar: é sempre um desafio. Alguns pressupostos teóricos ajudam a enfrentá-lo.

O analista precisa ter claro que:

- A paixão é comigo, mas, ao mesmo tempo, não é comigo. É comigo porque sou o suporte transferencial de uma figura interna. É comigo pelo que eu represento. E não é comigo enquanto "pessoa física". (O personal não tem essa clareza);
- O paciente que se apaixona pelo analista é um adulto, mas não é um adulto, é a criança-no-adulto. (O personal não tem essa clareza);
- Com poucas exceções, a paixão e suas manifestações tendem a ficar contidas no/pelo discurso, e também pelo enquadre. O risco de o paciente pular no colo do analista é mínimo. (Já na situação com o personal, isso poderia acontecer, mantendo Jair ainda mais enroscado);
- E o mais importante: o analista precisa ter plena clareza de que não está riscando fósforo nenhum. Em tese, (espera-se) ele não está seduzindo nem gratificando o paciente. Está trabalhando (em tese, o personal também está trabalhando). Se isso incendiar o paciente, é porque sua neurose está se atualizando na transferência. É material clínico como qualquer outro.

Esses pressupostos colocam o analista numa posição mais confortável para aceitar a transferência erótica sem se assustar ou constranger. No entanto, se ele confundir a pessoa jurídica por quem o paciente se apaixonou pela pessoa física que ele é, vai ficar constrangido. E cá entre nós: que coragem teve Freud para trabalhar com a transferência erótica de suas pacientes histéricas, não é!?

Além da clareza em relação aos pressupostos teóricos que vimos anteriormente, precisamos ter nossa bissexualidade psíquica bem integrada para enfrentar a paixão – nesse caso, homossexual – sem medo, sem rejeição e sem gratificação. E a sexualidade infantil sempre coloca dificuldades ao analista porque a tentação/pavor do incesto é de todos. Quando o paciente "quiser mais", ou quando ficar envergonhado, ofendido ou frustrado, será preciso permanecer firme, mas *sem perder a ternura*. Ternura e gratificação da demanda de amor são coisas bem diferentes.

Mais duas palavras sobre o medo de riscar o fósforo. É claro que trabalhar com a transferência erótica tem seus riscos! Freud (1914-1915/2010) reconheceu que, quando o teatro pega fogo, ou ele pode ser incorporado à peça e ela continua, ou ele destrói o teatro. A paixão poderia, sim, acabar com a análise, ou porque o paciente não vai tolerar a interdição, ou porque o analista não vai conseguir sustentá-la de modo suficiente. Mas não parece ser o caso. Jair sofre, mas aceita que sua paixão não será correspondida; já um/a paciente *borderline* atuador/a poderia não tolerar.

Agora que escrevo, ocorreu-me que uma escuta possível é que o personal, enquanto representante da figura paterna, inconscientemente *sustenta a interdição do incesto* com a "desculpa" de ser hétero. No entanto, vemos que a criança-em-Jair não renuncia ao objeto de amor infantil. A partir do seu desejo, imagina que bastaria ele ser gay para terem um caso. É como o menininho que acha que basta crescer um pouco para poder se casar com mamãe.

De qualquer forma, se, em função de sua neurose, o paciente é facilmente inflamável, primeiro, não há como evitar. Tanto faz se o analista fala ou fica mudo, basta ele estar lá sessão após sessão e a transferência fará seu trabalho. E, segundo, é justamente isso que queremos!

Ou seja, ao invés de evitar o material inflamável, temos que permitir que o amor/a paixão venham à tona para que, junto ao paciente, enfrentemos o que tiver de ser enfrentado. Manejo e interpretação vão permitir a elaboração do conflito entre desejo e interdição, com todos os afetos a que ambos têm direito.

O ateliê sempre nos brinda com a oportunidade de ver como teoria e clínica se iluminam reciprocamente. Estamos falando de paixão. Todo mundo sabe o que é, mas é difícil saber o que, exatamente, risca o fósforo, tal como disse nosso colega.

M – POR QUE, AFINAL, JAIR SE APAIXONA PELO PERSONAL?

Jair precisa se desenroscar do personal – ele precisa conseguir fazer o luto pela perda do objeto de amor infantil para conseguir ter uma vida amorosa. Entretanto, isso não vai acontecer se não pudermos entender, junto com ele, por que ele se apaixonou. Para começar, amor e paixão são coisas diferentes.

Freud (1914/2010) já distinguia amor narcísico de amor objetal. Neste último, o sujeito se relaciona com seu objeto enquanto outro-sujeito, há separação entre sujeito e objeto, sua alteridade é reconhecida. Já as características do objeto da paixão importam menos do que aquilo que ele mobiliza no sujeito: a esperança de ser resgatado de um sofrimento psíquico que se desconhece enquanto tal. É por causa dessa dimensão de salvação que a paixão não correspondida, ou a perda desse objeto, é desesperadora.

Explico melhor. Costumamos ouvir que o objeto da paixão é aquele que propicia ao sujeito a sensação de completude narcísica. Sim, mas por que isso acontece? O que esse objeto traz ao sujeito? É que, graças a ele, aspectos do Eu que estavam clivados, que nunca puderam vir à luz, poderão finalmente nascer. O sofrimento de ter vivido a vida inteira sem aquele pedaço do Eu vai chegar ao fim.

Não deixa de ser uma ampliação importante do Eu, embora não propriamente uma completude.

Quando a paixão é correspondida, cada um mobiliza no outro a esperança de "cura" de um traumático precoce que estava encruado, mal resolvido. Dou dois exemplos:

- *Exemplo 1.* O menino foi uma criança idealizada pelos pais. Tornou-se um executivo de sucesso. Tem mil responsabilidades, ganha bem, cuida das pessoas próximas e é bem-visto por todos. Por seu sintoma, desperta transferências e junto com elas, mil demandas que tem que atender. Apaixona-se por uma mulher que, ao invés de demandar, olha para ele com um olhar maternal. Ela, em si, não tem nada de mais, mas enxergou o que ninguém viu, nem ele mesmo: a criança carente que ele nunca pôde ser – e continua não podendo ser. Quando ele se percebe enxergado assim, sente-se resgatado de um sofrimento de uma vida inteira – mas é um sofrimento que se desconhece enquanto tal. Finalmente poderá sair do pedestal em que foi colocado, deixar-se cuidar como uma pessoa comum e descansar. Graças a ela, uma parte do Eu que fazia falta – poder ser simplesmente um ser humano dentre outros – pode nascer e ser integrada ao resto da personalidade. Afinal, é penoso viver tendo que lutar todos os dias para se manter no pedestal, já que ele não saberia viver fora dele. Também é penoso atender às demandas que ele mesmo suscita continuamente por estar nesse lugar. Quando encontra essa mulher, fica enfeitiçado e não pode desistir dela de jeito nenhum.
- *Exemplo 2.* Na família machista, a menina teve seu potencial intelectual ignorado e mesmo depreciado em favor dos irmãos, destinados a dar continuidade aos negócios da família. Não se via como inteligente ou capaz, mas não chegava a ter

consciência de que era penoso ser uma cidadã de segunda categoria. Só se dá conta do sofrimento narcísico *a posteriori*, quando o orientador de seu TCC admira seu trabalho e reconhece seu talento. Independentemente das características "reais" desse homem, ela se apaixonou porque, graças a ele, conseguiu mudar de posição subjetiva – o que lhe rendeu frutos concretos em sua vida profissional.

Esses exemplos confirmam o que diz Schmid (2008), para quem a mobilização de uma paixão não tem a ver com as qualidades maravilhosas do objeto, mas com uma falha narcísica do sujeito. Basta pensar na paixão transferencial: o paciente nem sabe quem é o analista fora da situação analítica! De qualquer forma, o objeto da paixão é precioso, mesmo que apenas como possibilitador dessa "autocura", isto é, da sensação maravilhosa de expansão do Eu pela diminuição da clivagem, e de completude típica desse estado. Resta saber o que sobra disso tudo depois.

~

Volto à pergunta.

M – POR QUE JAIR SE APAIXONA PELO PERSONAL? O QUE ELE VIU NESSE HOMEM?

O que move a paixão é uma característica que o objeto de fato tem. No exemplo 1, a mulher tem mesmo uma atitude maternal; no exemplo 2, o professor reconhece mesmo o talento de sua aluna. Segundo nosso colega, Jair vê o personal como alguém "livre". Eu teria vontade de perguntar "livre como?". A resposta a essa pergunta nos ajudaria muito, mas, na falta dela, podemos levantar algumas hipóteses.

Será que Jair tinha a esperança de poder ser mais livre, caso essa relação fosse possível? Nesse caso, em que aspectos ele se sente "preso"? Talvez ele se sinta preso numa posição subjetiva de menininho, quer dizer, sexualmente imaturo. Talvez tenha a esperança de "amadurecer" e integrar algo da sexualidade adulta graças à relação com o personal viril e potente.

Como é de se imaginar, o corpo ocupa um lugar importante na relação entre eles. Melhor dizendo, a relação se dá por meio do corpo de Jair. Para começar, ele é obeso e tem que perder peso. Imagino um corpo meio flácido, mal habitado, sem tônus, pouco viril. O personal está lá justamente para investir esse corpo "abandonado", pouco libidinizado. Um dia, o personal riscou o fósforo: tocou nele para o alongamento e Jair ficou excitado.

Enfim, para ajudar Jair a entender o que o mantém agarrado ao objeto de sua paixão, é importante reconhecermos, junto com ele, que elementos inconscientes essa relação mobiliza. De que sofrimento ele acredita poder se curar graças a ele? Eu lhe perguntaria que tipo de vida imagina os dois tendo juntos, caso o personal correspondesse ao seu amor. Ele seria resgatado do que, exatamente?

Alguém no grupo coloca uma dúvida importante.

Ele está enroscado porque vê ali a possibilidade de resgate de um sofrimento narcísico, ou está enroscado porque, na lógica da neurose, só consegue desejar o objeto edipiano interditado?

É uma excelente pergunta. Talvez essas respostas não sejam excludentes. Ele se apaixona na esperança de que o objeto o "cure" de alguma questão narcísica não resolvida ("*Desta vez será diferente*"). Porém, como ele demanda isso de objetos marcados pela lógica edipiana, o fracasso é duplo: narcísico e edipiano. A repetição sinaliza a tentativa de resolver essas questões "de fora para dentro".

Vejam a sobreposição de duas dinâmicas, narcísica e edipiana. Ainda que ele tivesse êxito em conquistar o personal, primeiro teríamos que ver se ele conseguiria transar, ou se sofreria de inibições sexuais, como é frequente no neurótico. Além disso, imaginem a frustração quando o objeto da paixão se mostrasse incapaz de corresponder às expectativas de "cura narcísica".

Enfim, se Jair acaba num consultório de psicanálise, é porque sabe que tem trabalho psíquico pela frente. É por isso que a historinha na qual o personal está triste porque precisará se afastar do filho é importante para nós. Esses dois "personagens" permitem elaborar os acontecimentos da relação pai-filho, sem referir diretamente Jair e seu pai – já que, como vimos, é um material "fechado" (sou gay por causa do meu pai).

Esse trabalho, no entanto, não poderá prescindir da análise da transferência com o analista. Como já foi dito, este precisará transitar bem por sua homossexualidade psíquica de modo a evitar dois extremos: 1) nova rejeição, por defesa, medo, angústia; 2) nova sedução/gratificação, por abuso da transferência. Será preciso acolher o que vem e navegar entre esses dois rochedos, manobrando com cuidado para não trombar com nenhum. Afinal, Freud aprendeu isso com Dora, e nós aprendemos com ele.

Terceiro encontro

Terminamos o encontro anterior refletindo sobre como o trabalho na transferência exige navegar entre dois perigos, o de nova rejeição e o da gratificação, que equivale a uma sedução.

Nesse terceiro encontro, iremos retomar o material da caneca com as duas fotos. Vimos que ele pode ser usado para a dupla analítica ir criando uma rede de representações sobre a relação pai-filho. Como Jair imagina essa relação? Como a percebe?

Nosso colega conta que Jair convive com os dois (o personal e seu filho) e acha essa relação bonita, mas também reconhece que crianças podem ser irritantes. O personal se arrepende de não ter cuidado e brincado com o filho o suficiente, agora é tarde porque vai embora. Jair acha interessante ouvir "o lado do pai". Nesse momento, nosso colega se lembra de uma situação em que conseguiu encontrar uma maneira de navegar entre os dois rochedos.

> *Eu gostava muito de pintar. Devia ter uns 10 anos. Meu pai me levou de metrô ao centro da cidade para irmos a uma loja de material de pintura. Na saída do metrô, ele aponta para a esquina onde está a loja e diz "é ali". Vai embora, me deixando sozinho.*

Jair está tentando, mais uma vez, mostrar como era rejeitado pelo pai. Só a título de exercício de escuta analítica, o material admitiria outras leituras. O pai levou o filho, mas por algum motivo, não podia ficar. O pai vê o filho com a autonomia necessária para comprar o que precisa e voltar para casa como gente grande, mas Jair só consegue enxergar "meu pai não me ama".

Diante disso, o analista – que descobriu que Jair ainda pinta – se interessa pelos quadros e resolve "entrar na loja" junto com ele. Conversam sobre as fotos e as telas que o paciente leva ao consultório; e também sobre uma reforma que está fazendo com base nas fotos que lhe envia. Vemos pai e filho brincando juntos. Estão compartilhando situações prazerosas, mas não tenho a impressão de que o namoro passa do ponto. A cena transferencial faz referência ao material em que o personal se arrepende de não ter brincado mais com seu filho.

Mais uma historinha:

> *Os pedreiros que estão trabalhando na minha obra estão me enrolando. Eu reclamei, e eles responderam que vão terminar até dia tal. Eu acredito na promessa, fico esperando, mas eles só me enrolam e abusam da minha boa vontade. Um dia não aguentei mais e explodi. Você (analista) não poderia me ajudar a elaborar um contrato firme, que seja obedecido para que eu não chegue nesse ponto?*

Até certo ponto, é o mesmo material do primeiro encontro sobre os funcionários. Ele é o menininho inocente que está sendo *enrabado* por homens "grandes". Imediatamente nosso colega diz que essa é exatamente a palavra que ele usa! Já comentamos que sua posição subjetiva infantilizada convida ao *bullying*/enrabamento por parte dos "homens grandes". No entanto, há um elemento novo. Ele pede que o analista o ajude a elaborar um contrato. Não fica claro se ele diz isso com humor, ou seriamente. Se for com humor, ele está sendo engraçadinho e seduzindo o analista. Se for seriamente, é mais complicado e teríamos que ver do que se trata. Como tudo indica que estamos em terreno neurótico, fico com a primeira hipótese.

É claro que a pessoa indicada para elaborar um contrato é um advogado, de modo que ele está demandando alguma outra coisa do analista. Certamente ele o vê como um homem "grande" que sabe das coisas da vida e que não se deixa enrabar. Curiosamente, às vezes pede que o analista lhe mande uma mensagem lembrando o horário da sessão ("sou confuso mesmo").

O que chama a atenção é o tom *pueril* desses pedidos. Ele se infantiliza para convocar no analista o pai amoroso que se sinta responsável pela criança querida, mas, ao fazer isso, ele corre o risco de convocar também um aspecto sádico do pai, que humilha, despreza e rebaixa a criança (os pedreiros que fazem *bullying*).

Frente ao pedido de Jair para ser lembrado do horário da sessão, uma colega do ateliê pergunta se caberia gratificar o paciente. Excelente tema para nossa discussão! Primeiro, vamos ver se estamos usando o termo gratificar no contexto correto, pois há situações em que seria um equívoco entender aquela transferência como demanda de gratificação.

Gratificar sempre supõe atender a uma demanda de amor, proporcionar um prazer, ou evitar uma frustração. Implica também tentar arrastar o analista para uma transgressão do enquadre, entendido por ambos como símbolo da interdição do incesto. Sinal de que estamos em terreno predominantemente neurótico.

É completamente diferente de *atender a uma necessidade do Eu*. Aqui, se o analista sai temporariamente do enquadre e atende à demanda, é para não retraumatizar o paciente, para quem seu valor simbólico ainda não faz sentido. Estamos, então, em terreno não neurótico. Nesse caso, não se trata de gratificar uma demanda de amor, e sim de uma estratégia do analista para reconhecer que aspecto do sofrimento narcísico-identitário está sendo agido na transferência.

Vamos imaginar um paciente que pede que o analista diminua seus honorários. Um paciente neurótico que quer um preço menor para se sentir especial é diferente de um paranoico que se sentiria "enrabado" por um analista visto transferencialmente como abusivo. O paranoico viveria a recusa do analista como um retraumatismo, o que poderia inviabilizar a análise; o neurótico, não. Esses pacientes são diferentes, ainda, de outro tão desempoderado que não se sente em condições de bancar os honorários e precisa que o analista faça o primeiro movimento para viabilizar aquela análise.

O importante é que, antes de decidir o que fazer, é preciso ter alguma ideia do que está em jogo. Seja lá o que for, a interpretação é sempre necessária. Pode-se atender à demanda para evitar situações que colocariam a análise em risco, mas não podemos deixar de indicar, por meio da interpretação, que a demanda tem um sentido para além do financeiro. No caso da gratificação como demanda de amor com caráter incestuoso, a interpretação é suficiente.

M – COMO ENTENDER AS DEMANDAS PUERIS QUE JAIR DIRIGE AO ANALISTA?

- *Ele se infantiliza para convocar papai e mamãe a cuidarem dele?*
- *Quer saber se é amado?*
- *Se o analista se lembra dele?*
- *Se o analista vai transgredir o enquadre porque ele é um paciente especial?*
- *Ele é realmente tão desorganizado psiquicamente?*

Sendo um bom neurótico, parece mais provável que ele se infantilize para obter o amor do analista. Uma intervenção possível seria "Por que será que me pede isso, se sabe que um advogado entende mais de contratos do que um analista?". Temos que ajudá-lo a se dar conta de um sintoma que tem lhe custado caro pela vida afora – vimos como ele se faz continuamente desrespeitar pelos funcionários. Outra intervenção poderia ser algo como "parece que aqui eu sou o grande que sei das coisas da vida, e você, o pequeno, o inocente que não sabe se defender".

~

E agora vem a historinha mais bonita deste ateliê:

> *Fui a um show de música da banda X, mas acabei indo embora antes de começar. Fiquei sabendo que o personal estava lá e não queria me encontrar com ele. Mas não foi por isso que fui embora. A noite não é para mim;*

> *me sinto um peixe fora d'água naquele tipo de ambiente. Era open bar. As mulheres estavam com roupas vulgares, parecia um puteiro. Não sei se você [analista] conhece puteiro, não deve ser da sua índole. Uma mulher me convidou para beber com ela. Desconversei e me afastei assim que consegui. Um casal estava se beijando e rindo de mim. Estavam apontando para mim e me chamando de bichona.*

Chamo a atenção do grupo para a qualidade onírica desse material. Poderia perfeitamente ser o relato de um sonho. É mais um elemento que confirma que estamos em terreno neurótico. Vamos à escuta analítica da historinha/sonho.

Ele se representa como uma criança que não tem nada que ficar acordado de noite, pois acontecem coisas de adulto que não são para ele. Sente-se sexualmente imaturo no ambiente erotizado do show. Foge da mulher que queria "beber com ele": a sexualidade feminina é devoradora, a mulher/vagina queria "comê-lo". O casal que se beija olha para ele e percebe que ele não passa de uma criança que não deveria estar lá. Jair usa o termo bichona como representação da ferida narcísica por se sentir ainda pequeno comparado aos outros, que são grandes.

E aqui vem a chave de ouro: "Não sei se você [analista] conhece puteiro, não deve ser da sua índole".

M – COMO ESCUTAR ISSO?

Primeiro, vejam a conotação pejorativa do termo "puteiro". É um lugar moralmente sujo, cheio de adultos depravados, libertinos e devassos que soltam a franga *enlouquecidamente*. A representação que ele tem da sexualidade é de algo prazeroso, mas perigoso e angustiante, daí a necessidade do recalque. Jair não frequenta puteiros, isto é, não é um garotinho depravado. Atenção para o *spoiler*: adiante veremos uma cena de infância com a mãe, que ficou com medo de ter um garotinho depravado em casa.

Vamos usar um pouco de imaginação clínica para interpretar a frase que escapa de Jair quando descreve o ambiente do show. "Provavelmente você não sabe o que é um puteiro, não deve ser da sua índole". Muitas leituras possíveis se sobrepõem.

Deus me livre meu analista ser um depravado! Espero que não seja da sua índole! Espero que seja tão bonzinho, assexuado e comportado como eu. Mas ao mesmo tempo: *espero que você seja um adulto para quem sexualidade não é sinônimo de depravação; espero que você não frequente puteiros, não por medo, mas porque integrou sua sexualidade como fonte de um prazer possível, e não de um prazer "enlouquecido".*

Podemos pensar também que a criança-nele constrói o analista como assexuado, e a análise como um convento, por desejo/medo de estar na sala com um adulto "depravado" – um *sedutor* que vai riscar um fósforo. Mas também por medo de ser – ele mesmo – um garotinho depravado, no sentido de facilmente inflamável em função da sexualidade infantil. Um adulto sedutor e um garotinho inflamável: o que impediria a análise de se tornar um verdadeiro puteiro? Seria a realização da fantasia incestuosa, tão desejada quanto temida. Pelo menos em relação ao personal, imaginamos facilmente que ele adoraria transformar as aulas em "xaveco" e "pegação". Nesse sentido, ainda bem que o personal é hetero, e que o analista "não sabe o que é um puteiro". Eles "seguram a onda", já que Jair é um pequeno sedutor/depravado.

M – POSTO ISSO, O QUE PODERÍAMOS DIZER A ELE?

A ideia é chacoalhar o *status quo* transferencial para que apareça o amor escondido, bem como a construção da dupla paciente/analista como assexuada. E tudo isso como defesa contra a angústia da atuação de fantasias incestuosas – o medo de que analista e paciente passem ao ato. Lembramos, aqui, a primeira pergunta que fez ao analista ao entrar em seu consultório e olhar a decoração: "você é gay?". Agora entendemos: era uma avaliação da possibilidade, ou não, de passarem ao ato.

- *E se fosse da minha índole ir a puteiros?*
- *Por que é importante para você me ver como alguém que não sabe o que é um puteiro?*

Se ele ficar excitado com essa intervenção, ou se achar que está sendo seduzido, melhor para a análise: o desejo/medo de que o analista queira transar com ele poderá ser trabalhado no aqui e agora da situação transferencial. Inclusive para reconhecerem juntos que, se isso acontecesse, provavelmente Jair sairia correndo.

~

Tudo isso nos obriga a propor novas hipóteses sobre a paixão platônica pelo personal. Pensamos, inicialmente, num Édipo invertido sendo atuado com o personal, representante de uma figura paterna rejeitadora. O personal não pode ter um caso com ele porque é hétero. Essa era a teoria "fechada" do paciente.

Não fica claro se o personal não pode, ou não quer, ter um caso com ele. Quer dizer que, se fosse gay, toparia? Ou se recusaria a ter um caso com seu aluno? Para Jair, isso fica ambíguo. Ele o vê como sedutor, embora talvez seja apenas uma manifestação do desejo da criança de ser seduzido pelo adulto. Porém, no decorrer dos encontros, abrimos o leque do nosso pensamento clínico. Chegamos num campo transferencial em que um tem medo de riscar um fósforo, o outro tem medo de ser um depravado; a análise poderia virar um puteiro, o que é, ao mesmo tempo, desejado e temido.

E aqui surgem novas hipóteses. Todas poderiam se transformar em intervenções de prova, quer dizer, propor a interpretação e ver o que o paciente faz com ela.

E se o personal for justamente a representação de uma figura paterna que *respeita a interdição* do incesto? Ele não vai ter um caso porque isso não se faz com um aluno, e não porque é hetero. "Você acha que, se ele fosse gay, teria um caso com você? Ou ele se recusa a se aproveitar do amor dos seus alunos?" Naturalmente, isso vale também para a situação analítica: um analista não passa ao ato com seu paciente, e tanto faz se é homem ou mulher. O paciente pode não gostar, mas sabemos que é a única maneira de desatar o nó edipiano.

Na historinha, ele se vê jogado no meio de um show-puteiro, se assusta e vai embora. O material do encontro apavorante com a mulher que queria "comê-lo" é significativo. Será que a criança-em-Jair foi subjetivada em um ambiente familiar excessivamente erótico e excitante? Ele foi precocemente exposto à sexualidade adulta? Nesse caso, o recalque se torna necessário como defesa frente a esse ambiente traumático por ser hipersexualizado.

Será que o personal é uma escolha sexual segura justamente por ser hétero? Logo no primeiro encontro, nosso colega disse que Jair só se relaciona com homens interditados. Para o neurótico, é a garantia de que nada vai acontecer entre eles. A criança-em-Jair poder brincar sexualmente com a figura parental, sem medo de uma atuação incestuosa. Se o personal quisesse transar com ele, talvez fugisse apavorado.

E agora a pergunta que não quer mais calar:

M – Jair tem algum tipo de vida sexual?

Quarto encontro

No último encontro, analisamos a historinha sobre a ida ao show. Vimos que o conteúdo confirmava a ideia de uma inibição sexual neurótica e seu corolário, a infantilização. E vimos a pergunta sobre a sexualidade do analista, imediatamente seguida de uma afirmação por parte do paciente: puteiros não são da índole do analista. Resolve a angústia em relação à sexualidade negando sua existência. Terminamos perguntando se Jair tem algum tipo de vida sexual. A resposta é a que eu imaginava: não. Ele atribui isso ao fato de ser gordo. Ou ao fato de ser gay. São as racionalizações que ele encontra para explicar inibições sexuais cuja origem é o recalque.

Não lembro por que vias o analista se lembrou de mais uma historinha. A mãe entra em cena.

> *Eu tinha 5 anos. Era meu aniversário e eu estava brincando com uma menina. Em algum momento, fui olhar embaixo da saia dela. Minha mãe me trancou no quarto de castigo. Não pude participar do meu próprio aniversário. Machuquei a mão de tanto socar a parede do quarto de ódio.*

O recalque de que estamos falando desde o encontro anterior tem aqui mais um fator determinante: a angústia da mãe frente à sexualidade infantil. Um garotinho que olha para a calcinha de uma menina é um depravado. Frente a essa representação, o recalque se torna necessário.

Isso sugere uma direção para o trabalho analítico. Para que o recalque deixe de ser necessário, precisamos criar um ambiente transferencial no qual a sexualidade infantil de Jair não seja vivida com angústia por seu analista. Ao contrário da mãe de Jair, ele passou por uma análise pessoal justamente para estar "de bem" com sua própria sexualidade.

Vejamos alguns exemplos de como falar com tranquilidade sobre esse tema.

Na situação em que Jair abre a porta fechada do banheiro do analista, poderíamos perguntar o que ele imaginava encontrar ali. Poderíamos dar voz às suspeitas – e possivelmente ao desejo – de que o analista escondesse segredos sobre sua vida sexual.

Quando o paciente diz que não é da índole do analista frequentar puteiros, podemos perguntar por que ele acha isso.

Certo dia, Jair disse ao analista: "para você é fácil porque você é hétero". Uma pergunta que abre vias associativas seria: "O que é fácil para mim? Por que você acha que para mim é fácil?"

Em outro dia, Jair diz ao seu analista: "você é um chato". O tom com que enuncia essas palavras é amoroso. Claramente é uma manifestação de amor escondido. "Você é chato = gosto de você". Uma maneira de tirar o amor do armário seria: "Você disse que me acha chato, mas eu acho que você até que gosta de mim".

Mais um pequeno momento de namoro. Num tom brincalhão e provocativo, pergunta ao analista: "Do que vamos falar hoje?". Se é um convite para namorar, por que não entrar na brincadeira com cuidado para não passar do ponto? "Vamos falar de mim? Ou vamos falar de você?"

~

Brincar de namorar sem passar do ponto é um equilíbrio delicado. Às vezes, Jair manda áudios de vinte minutos ao seu analista. Aqui é hora de se ater ao enquadre, não gratificar. Responder com outro áudio será excitante e ele vai ficar querendo mais. Sabemos com que ansiedade fica esperando pelas mensagens do personal.

Uma resposta gentil do tipo "vi sua mensagem, conversamos na próxima sessão" acolhe, mas coloca limites.

M – QUAL ERA O TEOR DESSA MENSAGEM DE VINTE MINUTOS?

Era um longo relato da despedida entre Jair e o personal. Ele lhe deu de presente um par de óculos escuros. Serviu para ninguém ver que ele estava chorando. Por se despedir de Jair? De sua vida atual? Não sabemos. A verdade é que Jair sabe que o personal gosta dele, mas queria mais.

Certa vez o convidou para um pernil – sua especialidade – num sábado. Ele foi com a esposa e o filho. O paciente ficou frustrado, porque achou que viria sozinho. O analista pergunta: "o que você imaginou que aconteceria? Ele largaria esposa e filho num sábado para ficar com você?" Jair responde: "sei que ele larga a mulher para ficar com outras mulheres".

Fica implícito o sentimento de Jair: "ele [o personal] me daria mais se achasse que eu valho a pena". Esse fragmento indica mais um elemento importante. Por trás da demanda infinita de amor, encontramos uma identificação melancólica. Consigo enxergar a criança-em-Jair dizendo à figura paterna: "Preciso que você me prove com atos concretos que eu valho a pena".

Um dia, Jair chega satisfeito porque conseguiu dar uma bronca numa funcionária. Ela não gostou, mas tudo bem. Associa com uma situação em que ficou furioso com a mãe.

> *Minha mãe está com insuficiência renal. Sou eu que levo no médico, compro os remédios, cuido para que tenha uma dieta saudável. Faço as compras, oriento a cozinheira etc. Fiquei morrendo de ódio quando percebi que ela estava comendo sanduíches no McDonald's e*

tomando Coca-Cola escondido. Senti que ela me trata feito um pirralho, não me leva a sério, não me obedece.

M – COMO ESCUTAR ESSE MATERIAL?

Sim, ficou furioso porque se sentiu infantilizado. De fato, já vimos que os funcionários também não o levam a sério: ele manda, mas ninguém obedece; mas a historinha pode ter outros sentidos.

Ele se sentiu traído ao descobrir que, em vez de renunciar ao desejo, a mãe solta a franga escondida. Jair lhe oferece uma dieta bem-comportada, asséptica, sem prazer – uma dieta, digamos, assexuada –, mas ela prefere morrer a renunciar ao prazer. Imaginei, aqui, uma intervenção: "Puxa, então tua mãe não é nada santa! Não deixava você olhar a calcinha das meninas, mas bem que ela gosta de soltar a franga!".

Outra leitura possível desse material: a reação da mãe evoca um fragmento do primeiro encontro que ficou lá perdido. A secretária que gostava dele foi embora porque, como uma criança, acreditou ingenuamente na proposta de sociedade em outra empresa. Da mesma forma, consumir McDonald's e Coca-Cola quando, em função de sua doença, a mãe teria que cuidar de sua dieta, também é um comportamento infantil. É como um diabético que come balas: dez para o princípio do prazer, zero para o princípio de realidade. Seria, então, uma mãe infantilizada.

Essa leitura, entretanto, está muito distante. Jair ainda lê tudo a partir da humilhação de se ver, e de ser visto, como "pequeno" ("bichona").

O que aprendi com este ateliê?

Aprendi que, muitas vezes, o nosso ponto de partida é uma queixa que, com o tempo, ganhará outros sentidos. Nesse caso, o "não sei colocar limites" era sintoma de uma posição subjetiva infantilizada, típica das organizações neuróticas.

Aprendi também que todos temos medo da transferência erótica. Mesmo com muita análise nas costas, podemos ficar surdos a ela por bastante tempo. O oposto também é verdadeiro: quando ela é evidente, seu manejo é sempre um desafio. Aqui, foi uma observação inesperada da contratransferência que revelou o "clima caliente". (Lembro de outro ateliê em que a analista, normalmente uma pessoa "solta" e com senso de humor, revelou quase por acaso que tinha medo de "se soltar" e com isso seduzir involuntariamente seu paciente.)

Embora soubéssemos que o personal fosse uma representação do analista (que, por sua vez, era uma representação da figura paterna), aprendemos que não é preciso forçar a barra com interpretações transferenciais prematuras. No momento oportuno, a referência à música "Amor escondido" revelou a intensidade da paixão transferencial. Acredito que essa representação mobilizou o pré-consciente do analista, que "se lembrou" do seu medo de riscar um fósforo e acordar uma transferência erótica difícil de conter. Este ateliê confirma que o neurótico tende a ser altamente inflamável. O enquadre, somado à postura benevolente e receptiva do analista, criam as condições para a regressão e para que o paciente se sinta seduzido. As histéricas de Freud sempre relatavam alguma cena de sedução por parte de um adulto. A regra da abstinência está aí para proteger paciente e analista de abusos. Assim, se o analista for visto como sedutor, será por conta da transferência, e não por ter riscado um fósforo.

Ateliê 2
O porco-espinho

Em 1947, Winnicott (1947/2021) escreveu o artigo "O ódio na contratransferência", no qual discute como é importante entrar em contato e elaborar esse afeto para recuperar a posição analítica. Neste ateliê, passamos por algo parecido, mas, em vez do ódio, o afeto presente foi o medo. Por isso, hesitei entre dois títulos: "O medo na contratransferência" e "O porco-espinho". Optei pelo segundo por uma questão de coerência com os demais títulos dos três volumes – preferi expressões criadas para cada ateliê a termos técnicos.

A analista sentia que pisava em um campo minado, e que qualquer intervenção equivocada faria a análise (ela) voar pelos ares. O clima no campo transferencial-contratransferencial era tão tenso e denso que dava para cortar com uma faca. Foi necessário perder o medo do paciente para que ele pudesse perder o medo da analista. A elaboração da contratransferência permitiu à analista mudar de posição para distensionar o "climão". No entanto, para chegar nisso, foi necessário mudar de escuta.

No lugar de um adulto que ataca por ódio, encontramos a criança-no--adulto que "ataca" por medo. Explico as aspas. Para se proteger do perigo, Leo criou uma carapaça como um porco-espinho. Não é que os espinhos não machucassem a analista caso chegasse perto. Machucavam. Só que não era uma tentativa de ataque por parte de Leo. Era sua defesa. Ninguém chegava perto dele, mas ele também estava condenado a não chegar perto de ninguém.

Primeiro encontro

Alguns elementos da história já são suficientes para começarmos nossa conversa. Leo sofreu uma decepção amorosa e não para de pensar em Lina, a moça com quem se relacionava. Eles se viam sempre e se davam bem. Ele planejava pedi-la em namoro quando ela voltasse de uma viagem, porém, nesse meio-tempo, soube que ela estava com outro. Ficou revoltado, com ódio. "Ela é mau-caráter, me enganou". Por outro lado, a contragosto, admite que também sente carinho e que ainda gosta dela. Três anos se passaram e ela segue como personagem principal em todas as sessões.

> M – AO PERDER LINA, O QUE FOI QUE LEO PERDEU? O QUE ELA REPRESENTA NA SUA ECONOMIA PSÍQUICA? A RESPOSTA É FUNDAMENTAL PARA ENTENDERMOS POR QUE ESSE LUTO É IMPOSSÍVEL.

Ainda não temos resposta, mas sabemos que o paciente tem pesadelos frequentes com essa moça. São sempre iguais e ele acorda assustado; logo veremos o teor deles. Contudo, se ele tem pesadelos de repetição, é porque a história com Lina "acordou" algo da ordem do traumático. A compulsão à repetição (do pesadelo) sinaliza a tentativa de retomar o trabalho psíquico para elaborar o trauma.

Freud (1914-1915/2010) define trauma como qualquer experiência emocional cuja intensidade excede a capacidade de metabolização por parte do aparelho psíquico. Há um elemento comum a todas essas situações/experiências traumáticas: a pessoa estava despreparada, sem defesas. Não havia angústia sinal, que é o estado de alerta necessário para enfrentar um perigo iminente e evitar a desorganização psíquica pela inundação de angústia automática (Freud, 1926/2014).

Foi exatamente o que aconteceu com Leo. Do seu ponto de vista, nada indicava que Lina pudesse se interessar por outro durante a viagem. Mesmo que não estivessem namorando oficialmente, ele sentia que o vínculo entre eles teria continuidade. Por isso, quando ficou sabendo que ela tinha outro relacionamento, foi devastador. Ele diz textualmente: "fui pego de surpresa". Portanto, não se trata apenas de um *luto impossível* pela perda de um objeto de amor. Há também uma *dimensão traumática* pela maneira como a perda aconteceu.

Lina, representante atual do objeto primário, era *tudo* para Leo. Desde que ela se foi, ele oscila entre o ódio e o vazio. Sente falta do que ela lhe proporcionava (luto impossível) e sente ódio pela ferida narcísica (o traumático). Sabemos que um acontecimento é da ordem do traumático porque o passado não passou. O traumático mantém o sujeito enroscado em seu objeto, que se torna mal-assombrado. Nesse sentido, os pesadelos com Lina não são apenas noturnos.

Volto à pergunta "quem", ou "o que", Lina representava em sua economia psíquica. Refiro-me ao conceito de transferência. Não no sentido mais comum de relação com a analista, mas de transferência para Lina *enquanto representação do objeto primário*. Lembro aqui o conceito de dupla transferência, de Green (2005), sobre a linguagem e sobre o objeto.

Explico: na "vida real", e para o Leo adulto, ela é uma ex-futura namorada. Na escuta analítica, ela *representa* (é uma *representação de*) um aspecto amado/odiado do objeto primário com quem a criança--em-Leo continua enroscada. Ou seja, Lina é um objeto externo/interno. Leo vem para análise para tentar se desenroscar desse objeto com quem viveu (e continua vivendo) uma decepção amorosa e uma ferida narcísica. Por ter sido traumática, essa perda não foi vivida só com tristeza, mas também com ódio.

Repetindo: a perda atual "acorda" uma perda do passado (Minerbo, 2016; 2020). Esta se atualiza e recobre alucinatoriamente a situação presente. Em outros termos, Leo transfere para a situação atual uma situação traumática já vivida no passado, mas não elaborada. Ele procura análise porque "sabe" que é sua chance de elaborar simultaneamente as duas perdas, já que Lina é, ao mesmo tempo, um objeto atual e uma representação do objeto interno.

Para saber *quem* ou *o que* ela representa transferencialmente, precisamos acessar sua experiência subjetiva. Do ponto de vista metapsicológico, há muitas possibilidades, e cada uma nos remete a um tipo de funcionamento psíquico:

- A criança-em-Leo cai do psiquismo da mãe e despenca no nada (perdi o chão!).
- A súbita perda de uma posição subjetiva (então não tenho, nunca tive valor aos olhos dela!).
- Humilhação narcísica intolerável ligada ao Édipo (como fui idiota de achar que "ela" me amava!).
- Ciúme/inveja ligados à exclusão edipiana (o que ele tem que eu não tenho?).
- A perda do objeto da dependência absoluta (e agora? como vou dar conta da vida?).
- A perda de uma relação fusional (sem "ela", não sou nada, perdi um pedaço de mim, minha vida não tem sentido).

Dá para perceber que, do ponto de vista subjetivo, são perdas totalmente diferentes. Precisamos saber como Leo viveu essa perda para que nossas intervenções toquem emocionalmente "quem" está ali de fato.

~

Leo diz que tem pesadelos frequentes.

M – QUAL É O TEOR DESSES PESADELOS?

> *Estou num lugar e sei que Lina está lá. Eu quase me encontro com ela. Fico desesperado porque, se a gente se encontrar e ela quiser voltar a ficar comigo, não sei o que vou fazer. Eu ainda a amo e daria tudo para voltar com ela, mas se eu fizer isso, vou me sentir um bosta, seria uma humilhação intolerável. Acordo suado e com taquicardia.*

Muitas vezes, para colocar em evidência como escutei o material, proponho uma situação proveniente de outro contexto. Por exemplo. "Imaginem um cachorrinho que leva chutes e mais chutes do dono, mas assim que este lhe acena com um carinho, volta correndo e com o rabo abanando". Podemos trocar "cachorrinho" por criança, e "dono" por figura materna.

Vejam o impasse de Leo. Imaginem uma criança ofendida e com ódio da mãe – é o que chamamos de uma criança *emburrada*. Se a mãe chama, ela certamente adoraria receber um abraço. Mas o que fazer com a humilhação e o ódio entalados na garganta? Vai engolir e se submeter para ganhar o abraço? Ou vai continuar emburrada para não dar o braço a torcer?

Uma criança que está nessa posição não consegue sair dela sozinha. Como a mãe ou alguém significativo poderia ajudá-la? A mãe teria que se antecipar e se implicar na situação vivida como ofensa narcísica dizendo algo como: "Desculpe, demorei mais do que o previsto, você ficou bravo porque achou que eu não estava nem aí para você".

Vocês já se perguntaram por que um simples pedido de desculpas tem o poder de resolver situações tensas?

Essa palavra funciona como reparação narcísica porque a pessoa está se implicando – ela está dizendo "tive minha parte de culpa".[1] No caso de Leo, Lina representa uma figura materna que: 1) não tem ideia do sofrimento que ela mesma causou; ou 2) tem ideia, mas não se importa com a criança; ou 3) desqualifica a experiência da criança dizendo que é puro mimimi.

Voltando ao pesadelo. Ele traduz o pavor de se encontrar cara a cara com Lina porque ele não sabe "qual" Lina ele encontraria? Uma capaz de se desculpar? Uma que não está nem aí para ele? Uma que diz que o sofrimento dele é mimimi? Se ela se desculpasse, ele até poderia retomar a relação, mas o risco de receber outro tipo de resposta é grande. Só de imaginar que poderia ser uma Lina que jamais reconheceria que errou, Leo tem taquicardia.

Esse é o passo a passo do processo de *construção do caso* no ateliê. Leo continua esperando uma retratação, uma reparação narcísica por parte de seu objeto para conseguir amar sem que isso seja vivido como humilhação. Enquanto isso, permanece "emburrado" na vida. Imagino que deva ser difícil conviver com ele.

---

1 Há uma situação assim no Ateliê "*Odeio meus pais!*", no volume 2. Tudo o que Cida queria – ela, que vivia com ódio de tudo e de todos – era que os pais lhe pedissem desculpas.

A colega continua apresentando o caso. Diz que "tem muita dificuldade em entrar, pois tudo que diz desperta resistência". Muito bem. Vamos ver do que se trata.

Para conseguir "entrar" e dizer algo que o paciente consiga escutar e usar, precisamos saber *onde* estamos pisando e com *quem* estamos falando. Se estivermos nos dirigindo a alguém que não está lá, não teremos entrada mesmo. Aliás, o fato de não conseguir "entrar" é uma indicação preciosa e inequívoca de que ainda não entendemos quem é o paciente, nem onde estamos pisando. É bem isso que estamos tentando fazer neste primeiro encontro.

Além disso, nossa colega diz que Leo procura arrastá-la para fora da função analítica propondo uma "discussão filosófica". Pausa para reconhecer a contratransferência negativa nessa formulação da analista. É perfeitamente compreensível. Ela se irrita com Leo porque seu narcisismo está sofrendo.

Proponho, no ateliê, uma conversa sobre "ser arrastada para fora da função analítica". Um analista pode perder temporariamente sua função analítica em algumas situações.

Primeiro, caso ele se identifique, na contratransferência, com um objeto interno do paciente. A identificação projetiva tolhe a liberdade do analista, que se sente convocado/forçado a responder o que o paciente quer ouvir. Algumas vezes, ele o faz sem perceber; outras, porque não consegue se opor à força da convocação transferencial.

Em segundo lugar, ele pode perder a função analítica caso escute o material clínico como se fosse uma conversa qualquer. Sem perceber, ou de caso pensado, o analista se destitui da função analítica. "Vou sair do meu papel, mas eu acho que...".

No entanto, nenhum paciente consegue *tirar* o analista da função analítica. Qualquer que seja o assunto, nenhum paciente tem como *impedir o analista de escutar analiticamente*. E *qualquer material* pode ser escutado analiticamente! O paciente pode estar descrevendo um jogo de futebol, discutindo política, criticando Platão: cabe a nós tentarmos escutar *tudo* analiticamente. O problema é nosso, não do paciente.

Claro que pode ser mais ou menos difícil. Pode não ser fácil encontrar o foco da escuta; mas preservá-la – ou voltar a ela quando a perdemos – é nossa função. Somos pagos para isso.

~

Agora que escrevo, "ser arrastada para uma discussão filosófica" me levou a pensar em algo que vem se colocando cada vez mais nas salas de análise: a escuta de material clínico em que aparecem temas como política, racismo, feminismo, homofobia e outras pautas identitárias.

Vou propor uma discussão espinhosa, mas necessária. Espero que vocês não me cancelem! É sobre a diferença entre o analista como pessoa física e jurídica. Começo com uma comparação que, suponho, não desperta polêmicas. Digamos que uma mulher bonita esteja no consultório do seu ginecologista. Mesmo que a ache linda, a pessoa jurídica está proibida de lhe dizer isso. Já se estiver na praia, a pessoa física pode apreciar a beleza feminina sem ferir a ética profissional.

O psicanalista é um cidadão que está na vida e na pólis, pessoa física. Contudo, quando se senta na poltrona, é um profissional – pessoa jurídica. O método psicanalítico exige uma postura que pode ser bem difícil de sustentar: que coloque suas convicções pessoais entre parênteses para conseguir escutar tudo analiticamente. Um engenheiro não precisa fazer isso para ser um bom engenheiro.

Explico melhor: vamos imaginar que você tem um paciente com convicções políticas diferentes da sua. Ou uma situação igualmente difícil: um paciente que tem exatamente as mesmas convicções que você. É véspera de eleições e todos estão mobilizados. Os dois pacientes falam de política. Um odeia o político x, o outro odeia o y. Mesmo que também estejamos mobilizados, para nós, é material clínico como qualquer outro.

O que significa isso? Significa que, idealmente, vamos escutar tudo como *representação* (o que venho chamando de historinhas).

Vejam só. Fora da sala de análise, posso e devo me engajar como cidadã. Por outro lado, quando estou com um paciente, preciso entender *o que está sendo transferido* para a cena política. Para isso, quero saber como o paciente a vê e como a descreve. Embora eu saiba de quem está falando, o que me interessa é o que o político x ou y *representa para ele*. Isso eu não tenho como saber a não ser que ele me conte.

Gosto quando os pacientes querem discutir política porque eles pensam que nós também estamos discutindo política. Eles não têm ideia do que estão nos revelando até ouvirem de nós uma interpretação sobre "quem", ou "o que", o político x ou y representa em sua economia psíquica.

Atenção: não estou dizendo que tudo é projeção. Se o paciente odeia o político x, o pressuposto da minha escuta é que, *por suas características reais*, aquele objeto externo está sendo um bom suporte transferencial para representar alguma configuração interna. Metapsicologicamente, o político x é um objeto interno/externo. É como o ursinho de pelúcia: por ter uma textura gostosa, serve de suporte transferencial para representar os aspectos gostosos da mãe. Suas características reais o tornam apto para *acolher aquela transferência*. Nesse sentido, o político x também é um objeto criado-achado.

O que importa nessa nossa conversa é que, se eu não conseguir colocar minhas convicções entre parênteses, não poderei fazer o que o paciente me paga para fazer: escutar tudo analiticamente. E eu acho mais *difícil* fazer isso quando, fora do consultório, *compartilho das mesmas opiniões* que o paciente. Podemos ambos gostar do mesmo político, mas enquanto representação, o político dele não é o mesmo que o meu. É difícil lembrar disso quando estamos todos no mesmo barco.

Aliás, todos tivemos essa experiência durante a pandemia. Ela estava aí para todos, era uma realidade. Porém, aquela realidade representava coisas diferentes para cada um. Para alguns o isolamento foi um sofrimento atroz; para outros foi maravilhoso ficar em casa sem demandas externas. Dei o exemplo de política, mas a mesma lógica vale para racismo, feminismo e outros temas que, atualmente, nos convocam enquanto cidadãos. São realidades, essas formas de discriminação existem e nos mobilizam, mas, para cada um, "ser racista", "ser feminista" etc. terá sentidos diferentes. Justamente por isso precisamos ter mais cuidado do que com os temas "comuns", pois podemos nos esquecer de escutar tudo também como representação.

Fecho o parêntese e volto à sensação da nossa colega de estar sendo "arrastada para uma discussão filosófica". Como veremos, é uma questão de ajustar o foco da nossa escuta. Quando achamos o foco, a irritação se dissipa imediatamente.

M – VOCÊ PODERIA ME DAR UM EXEMPLO DO QUE ESTÁ CHAMANDO DE "DISCUSSÃO FILOSÓFICA"?

Sim. Mais uma vez, Leo está falando do fim da relação com Lina. Lá pelas tantas, ele pergunta à queima-roupa: "Você acha que o que ela fez está certo? Ou está errado?"

Ele se refere ao fato de que não estavam namorando oficialmente, de modo que, em tese, ela teria o direito de ficar com outro, mas como ele acha que havia um compromisso afetivo não verbal entre eles, ela não poderia ter ficado com outro sem que ele soubesse. De fato, parece uma discussão sobre ética, mas, na escuta analítica, o que Leo quer saber da analista é se sua fúria em relação à Lina é legítima ou não.

Como veremos (*spoiler*!), ele pode estar com medo de duas coisas: ou de que a analista diga que "é mimimi, esquece essa mulher, vida que segue"; ou de que ela fique do lado de Lina, contra ele. Seja como for, frente à pergunta feita à queima-roupa, o que importa é o desconforto da analista.

M – DE QUE DESCONFORTO SE TRATA?

Ela sabe que, se der a "resposta errada", vai ser considerada desleal, ou incompetente, ou os dois. Fica paralisada sem saber o que responder, mas também não pode ficar em silêncio. Qualquer que seja o caso, sente que vai despertar a fúria do paciente.

Vejam a vantagem de um material clínico que vem espontaneamente durante a conversa no ateliê! Fomos brindados com um lindo exemplo de como a situação é tensa. E conseguimos reconhecer um elemento importantíssimo do campo transferencial que *ainda não tinha nome:* o medo na contratransferência!

Fica claro, para os participantes do ateliê, que as palavras trocadas entre paciente e analista não são suficientes para transmitir a *tensão que é captada pelo corpo da analista* (Urribarri, 2022). O material clínico mais importante para acessar a criança-em-Leo e o trauma precoce é esse "climão". Esse barulho na contratransferência precisa ser metabolizado para que seu sentido esclareça a transferência.

Nossa colega sente que está caminhando num *terreno minado*. Sabe que, se pisar na bola, ou melhor, pisar na mina, vai tudo pelos ares. Ela capta o ódio latente do paciente. Tem toda razão em avançar com prudência.

M – E DE ONDE VEM ESSE ÓDIO? A TENSÃO NO CAMPO TRANSFERENCIAL É EXPRESSÃO DO QUÊ?

Digamos que a analista respondesse à pergunta de Leo com "vocês não estavam namorando, então ela não te traiu". Sabemos que ele explodiria de ódio; mas por que ele explodiria? Porque a resposta cutucaria um nervo exposto. Qual nervo exposto? Na verdade, acho que seriam dois nervos expostos.

Além de se sentir *traído* pela analista (que tomou partido de Lina enquanto representante da figura parental), a criança-nele se sentiria *desautorizada* naquilo que sente. O pavor de Leo é que lhe digam que ele não tem o direito de estar com ódio de Lina. Ou que é bobagem estar ofendido. É como se o adulto risse e debochasse da criança que está emburrada. Seria um golpe mortal para seu narcisismo.

Identificados os nervos expostos, é possível imaginar uma interpretação que talvez ele pudesse escutar sem explodir: "Você quer saber se eu acho que você tinha, ou não, o direito de se enfurecer com Lina". Ou então: "você tem medo de que eu ache que você é um bobo por estar com ódio dela".

Vejam só que interessante. Não existe certo e errado. Se o paciente explode, ficamos sabendo que pisamos em terreno traumático. E isso é bom, porque nos aproximamos daquilo que queremos: ajudar o paciente a elaborar e a integrar o traumático. No caso de o paciente explodir, sempre se pode reverter a situação com uma interpretação transferencial: "você ficou com ódio de mim porque acha que estou te chamando de 'exagerado', quando, para você, o que aconteceu foi um choque brutal".

~

Ainda sobre o tema "perguntas à queima-roupa".

Como vimos, a analista costuma ficar desconcertada e paralisada porque sente que está sendo forçada a responder em identificação com o objeto interno do paciente. Está sob pressão do que Klein chamou de identificação projetiva (1946/1991). Sabe que precisaria se descolar do conteúdo manifesto da pergunta para recuperar sua posição analítica.

E para isso, só tem um jeito: a analista precisa conseguir acessar a angústia da criança-no-adulto. O clima no campo transferencial-contratransferencial é tenso porque a analista percebe a violência latente. Precisamos tomar cuidado, porque é muito mais fácil sintonizar a escuta na "frequência" *ódio do adulto*, do que na "frequência" *sofrimento da criança-no-adulto*. Não podemos esquecer que, quando esse sofrimento não é acolhido, se transforma em ódio.

Formulando de outra maneira. Quando escutamos o adulto, a pergunta à queima-roupa nos dá a sensação de uma *intimação agressiva*. O analista fica *intimidado*. Quando escutamos a criança-no-adulto, esse tipo de pergunta apresenta uma alta carga *de urgência*. É com a *urgência da angústia* que a criança-no-adulto faz a pergunta: "Você acha certo mamãe sumir de repente? Ela tinha, ou não tinha, um compromisso comigo? Tenho razão de estar machucado e revoltado, ou não?".

Frente a uma pergunta à queima-roupa, o analista não fica mudo. Ele responde. Mas não ao conteúdo manifesto, e sim *ao que move a pergunta* – àquilo que levou o paciente a fazer aquela pergunta. Um microexemplo. O paciente pergunta que horas são. O que move a pergunta é o receio de não ter mais tempo de falar x. Ou então, o que move a pergunta é estar "sem assunto" e angustiado por ainda ter muita sessão pela frente. Em vez de responder, é mais produtivo interpretar o que moveu a pergunta.

Volto à pergunta à queima-roupa. Se conseguirmos acessar o que a motiva, não precisamos responder sim nem não! Existe uma terceira possibilidade, que é interpretar: "e o que mais te machuca é imaginar que ela (a namorada/figura materna) não está nem aí para você/não tem ideia de como você sofreu e continua sofrendo".

Certamente seria um alívio para Leo se ver bem refletido pela interpretação da analista. Ele poderia começar a fazer contato com seu sofrimento que, mais uma vez, não foi apenas ter perdido Lina. É que a maneira como essa perda aconteceu foi vivida como humilhação. E ele tem medo de que seu objeto não seja capaz de sintonizar com a dor da ferida narcísica e lhe inflija uma nova dor. Antes que isso aconteça, ele se defende ficando emburrado.

~

Falamos sobre o trauma e a humilhação de perder Lina de maneira tão inesperada, mas não o suficiente sobre o que ela representa para ele.

M – COMO É A LINA? O QUE ELE GOSTAVA NELA?

Ficamos sabendo que ele valorizava o fato de que ela e sua família são evangélicos. Gostava de que ela fosse tímida e tivesse os valores morais "corretos". Fisicamente, era baixinha, do tipo *mignon*, sem muitas curvas. Para ele, era importante que não fosse um mulherão.

M – E O QUE SERÁ QUE TUDO ISSO QUER DIZER PARA ELE?

Acabamos entendendo que ele achava que tinha encontrado sua "bela, recatada e do lar"! E que, por isso, não corria o risco de ser traído nem abandonado. Razão a mais para ter ficado tão abalado com o que lhe aconteceu.

A colega continua a apresentação. Ela esclarece que resolveu trazer este caso ao ateliê porque está preocupada. Já pressentia isso, mas de algum tempo para cá, o paciente diz explicitamente que "sente vontade de morrer". E ele complementa: "não é que eu queira me matar, é vontade de morrer". Tem feito tudo por obrigação, não tem vontade de nada, não vê sentido na vida.

O que ele está querendo dizer à analista? O subtexto é que, *sem Lina, a vida não vale a pena*. Não chega a ser uma novidade: já sabemos que ele não está conseguindo atravessar esse luto, mas talvez possamos escutar algo um pouco diferente. É mais uma maneira de estar emburrado na sessão: "estou aqui dizendo que quero morrer, e *a culpa é sua porque você não faz nada para resolver isso*".

O clima nas sessões continua tenso. Leo diz que não confia em ninguém, nem na analista. Está sempre na defensiva. Ela sente que, à menor provocação, Leo vai *partir para a briga*. A principal característica desse campo transferencial é que cada um se sente ameaçado pelo outro e nenhum dos dois pode relaxar.

Assim que coloco isso em palavras, nossa colega traz uma associação. Certa vez, ela foi tomada por uma imagem digna de um filme de terror: terminada a sessão, ela vai ao banheiro e, ao sair, encontra o paciente, que voltou ao consultório para agredi-la – talvez matá-la! Se ainda houvesse alguma dúvida, agora o medo na contratransferência apareceu com tudo. A analista teve um pesadelo acordada.

Isso nos leva de volta aos pesadelos de repetição. Leo diz que tem medo de "ceder" caso Lina queira voltar: "*seria um absurdo eu corresponder depois de tudo o que ela me fez*". Já falamos do impasse: vai sucumbir à necessidade de amar e ser amado, arriscando-se a sofrer uma nova ferida narcísica? Ou prefere se proteger, mesmo que isso signifique viver num deserto afetivo?

O problema é que essa defesa também não funciona: sem amor, a vida não vale a pena, dá vontade de morrer. Então só lhe resta arriscar, mas não tem coragem. O pior é que, mesmo se tivesse coragem de enfrentar um novo golpe narcísico, "ceder" para ele é ser um "corno manso". Impossível viver na indignidade, no autodesprezo e no ódio de si mesmo.

O processo deste ateliê foi dos mais interessantes. Atenção para mais um *spoiler*. Entre o primeiro e o quarto encontros, todos nós – inclusive a analista – pudemos mudar de posição na contratransferência. Num primeiro momento, temos medo de Leo porque, como uma mina, ele pode explodir – e nós com ele, claro – a qualquer momento. Ao fim do processo, pudemos vê-lo como um porco-espinho, que passou a vida preso numa posição defensiva que tem lhe custado muito caro. Por mais que ele queira amar e ser amado, ninguém consegue chegar perto dele.

O que quero dizer com "mudar de posição na contratransferência"? Que foi preciso "enxergar" um Leo-porco-espinho que se defende, no lugar do Leo-mina-explosiva que ataca. *Isso muda tudo*, pois quando conseguimos transformar nossa escuta, automaticamente iremos intervir de forma muito mais empática com a criança-nele. Escutado dessa outra maneira, Leo poderá baixar a guarda. Mas isso é no futuro. Ainda não estamos lá.

Nesse primeiro encontro, ainda não tínhamos a imagem do porco-espinho. Foi uma construção, tivemos que avançar tateando, por tentativa e erro. E é exatamente esse o valor do ateliê: a experiência emocional e intelectual do processo.

A analista retoma sua dificuldade em "chegar" em Leo, a tensão na contratransferência e a sensação de que ela vai "estar errada" de qualquer jeito. As sessões se sucedem, mas o material clínico mais relevante é o campo minado. Vamos tentar entender melhor quais são as posições identificatórias que sustentam esse campo transferencial.

Uma primeira hipótese é de que, de um lado, temos uma criança ameaçada e, de outro, um objeto ameaçador. Quem é quem? A analista está identificada com a criança ameaçada ou com o objeto ameaçador? E o paciente?

Quando Leo pergunta se ele tem, ou não, razão em estar com ódio de Lina, ele está do lado ameaçado (ela pode dizer que ele não tem razão, sinal de que ela não empatiza com seu sofrimento). O curioso, porém, é que, quando ele faz essa pergunta à queima-roupa, quem se sente ameaçada é a analista. Portanto, nesse momento, ele também está identificado com o objeto ameaçador. Descobrimos, assim, que nesse campo transferencial, as posições são simétricas: o paciente tem medo da analista, que tem medo do paciente.

Para tentar desarmar a bomba, vamos começar com a contratransferência. A analista tem medo de dar a resposta errada e explodir com tudo. Tem medo de sair do banheiro e o paciente estar lá para agredi-la.

M – E SE ELA PERCEBESSE O MEDO QUE O PACIENTE TEM DELA?

Ela veria que Leo tem medo de ter seu sofrimento desqualificado ou mesmo ridicularizado. Será que ela perderia o medo do paciente? É provável. Ela poderia então se mexer – falar com o paciente – sem medo de explodir tudo. E isso pela boa razão de que ela saberia comunicar ao paciente que ela percebe e entende o medo que ele tem dela. Ela teria descoberto formas "de entrar" capazes de acolher a angústia da criança-no-adulto. Seria possível falar do medo de ser humilhado.

A analista estaria exercendo a função simbolizante e o paciente se veria bem-refletido por ela. Ele poderia se reconhecer nas palavras da interpretação, sair um pouco do ódio que sente por Lina, para entrar em contato com sua angústia. O processo de simbolização primária seria retomado.

Sintetizando nossos passos: fizemos uma espécie de diagnóstico da situação transferencial identificando as posições identificatórias ocupadas pela dupla: a analista tem medo de Leo, que tem medo da analista, que tem medo de Leo, e assim por diante. Estou usando o termo medo, mas o mais correto seria falar em *terror*. Cada um está aterrorizado pelo outro. Quando caminhamos por um campo minado, ninguém sente apenas medo, e sim terror.

Caberá à analista sair dessa posição identificatória: ela terá que *transformar o seu próprio terror em mero medo*. Naturalmente, isso é mais fácil de dizer do que de fazer. Não é um ato de vontade, algo que se possa fazer por decreto, de fora para dentro ("não vou mais ficar com medo desse paciente"). Tem que cair uma ficha. Ela precisa conseguir enxergá-lo de outra maneira. Só assim deixará de ter medo dele. Será, então, uma mudança de posição subjetiva, uma transformação de dentro para fora.

Associo com um filme que nos ajuda a entender por que, por enquanto, a analista não tem saída (ela sabe que, em algum momento, vai dar a resposta errada, e ele vai partir para a briga). No filme, um homem paranoico diz suavemente à sua jovem e querida esposa: "pode ser sincera, qual o defeito que você vê em mim?". Tremendo de medo, mas incentivada por ele, a pobre moça diz "às vezes, você é muito duro comigo". *Wrong answer*, como diria o algoz à sua vítima. Resposta errada. Ato contínuo, ele cai matando, acusando-a de ser totalmente injusta etc. A pobre moça se encolhe, aterrorizada. Imaginem a tensão que ela vive nessa relação conjugal. Sempre pisando em ovos.

M – COMO USAR ESSA ASSOCIAÇÃO PARA ELABORAR O MEDO NA CONTRATRANSFERÊNCIA?

Quando a esposa faz uma crítica e o marido explode, ela não tem a menor ideia de que, sem querer, cutucou um baita nervo exposto. O nervo está exposto desde sempre, e não tem a ver com ela. Acontece que, para ele, ela é uma figura transferencial. Ele não explode "por mal". Ele de fato não aguenta a mínima crítica que provenha dela, embora a tivesse solicitado com toda a honestidade, porque tem uma ferida narcísica gigante. Só de encostar, ele pula de dor.

Leo é como esse homem. Ele também tem uma ferida narcísica gigante. A analista sabe disso por causa da tensão no campo transferencial, mas, para mudar de posição na contratransferência, será necessário entender *de verdade*, emocionalmente, que quando ele explode, não é "por mal". É aí que o filme nos ajuda.

~

Contudo, precisaremos dar um passo a mais. Sem *spoiler*.

Como sabemos, sempre escutamos o material clínico a partir de alguma teoria implícita. Nesse caso, com que teoria vamos escutar a violência do paciente?

Podemos falar "da violência dele" como algo que lhe pertence. Como se tirássemos uma foto da cena e víssemos que ele *é* violento. Ele *tem* uma violência que é dele, está sempre pronto para partir para a briga. Nessa leitura, o ódio é constitucional, derivado da pulsão de morte. É uma leitura de inspiração kleiniana.

Entretanto, se, em vez de foto, fizermos um filme, podemos dizer que ele *se torna* violento no seio de uma relação intersubjetiva traumática, isto é, uma relação que não atendeu minimamente às necessidades do Eu. A dor se transforma em ódio. É uma leitura de inspiração winnicottiana.

A mudança de posição na contratransferência depende de uma mudança na escuta, e esta depende de uma mudança da teoria implícita do analista.

No primeiro caso, temos toda razão em ter medo do paciente. Inclusive ficamos de mãos atadas para lidar com um ódio que existe, porque existe. Podemos constatar junto com o paciente como ele fica com ódio em tais e tais situações, mas isso ele também sabe. Cida, do Ateliê 1 – "*Odeio meus pais!*", do volume 2, vive intoxicada pelo próprio ódio.

No segundo caso, tentaremos entender em que tipo de relação ele se tornou violento. Por que, naquela situação x, ele se torna violento? Como ele vive a situação x? Qual é o gatilho? A vantagem de pensar assim é que, se o ódio não é constitucional, temos a possibilidade de criar, no campo transferencial, um ambiente que, ao não retraumatizar o paciente, torna a violência desnecessária. Se a bomba é armada numa relação intersubjetiva, ela só poderá ser desarmada em outra relação intersubjetiva.

Nessa teoria, se enxergamos o ódio como reação a uma ferida narcísica, temos a chance de mudar o foco da nossa escuta: em vez de ficarmos siderados (e apavorados) pelo ódio, vamos procurar a dor, mesmo que, num primeiro momento, ela não apareça de maneira muito evidente no material clínico.

Pronto: estamos em condições de mudar de posição na contratransferência! Podemos até ter um pouco de medo do paciente, mas já não estamos aterrorizados. Se a esposa do filme soubesse de tudo isso, em vez de responder à pergunta dizendo "às vezes, você é muito duro comigo", ela poderia dizer "você tem medo de que eu só possa te amar se você for perfeito". No caso de Leo, o equivalente seria: "Você ficou mortalmente ferido porque imaginava que Lina também te amava".

~

Nossa compreensão sobre esse campo transferencial avança, mas ainda precisamos entender melhor por que, para Leo, Lina é insubstituível. Quem é Lina em sua economia psíquica? Como ele a constrói transferencialmente?

Ele já tinha dado algumas pistas. Como vimos, ele a via como "bela, recatada e do lar". Além disso, assim como ele, Lina é rica. Isso o tranquiliza, porque significa que ela não está com ele por dinheiro, e sim por amor. Mais um detalhe. Ambos tiveram pouquíssimas experiências sexuais. Do ponto de vista dele, são iguais, eles combinam. Ela não vai traí-lo, é mais uma garantia.

Resumo da ópera: com Lina, ele sente que pode relaxar. Com ela, não há campo minado. Pode descansar da tensão permanente que é a sua vida. Nessa mesma linha, há mais um fragmento interessante. Seu sonho era levar Lina para morarem na Costa Rica. Como entender isso, para além do conteúdo manifesto?

M – POR QUE, DE TODOS OS LUGARES DO MUNDO, ELE ESCOLHE A COSTA RICA? O QUE ESSE LUGAR REPRESENTA EM SUA ECONOMIA PSÍQUICA?

Ele menciona o fato de que a Costa Rica é um país tranquilo que nem exército tem. Ou seja, um lugar sem tensões. Criamos, por contraste, a metáfora do "Afeganistão". É nesse lugar perigoso que ele vive desde que se conhece por gente. Quer sair do Afeganistão e ir para a Costa Rica.

Pobre Leo! Tudo o que ele quer na vida é um pouco de paz! Pensava que levando essa moça bela, recatada e do lar para um país que nem exército tem, ele finalmente poderia viver tranquilo. Poderia confiar em Lina e relaxar.

Leo continua se queixando de que não tem prazer com a vida. Claro, quem pode ter prazer quando vive no "Afeganistão"? Ninguém está livre para apreciar a beleza das borboletas num terreno minado.

Enquanto isso, os "ataques" à queima-roupa nas sessões continuam. "Não confio em você." "Essa análise vai dar certo?". A essa última pergunta, a analista responde: "não dá para garantir". Podemos imaginar que, para dizer isso, ela precisou se desarmar. Não foi uma resposta defendida. Ela não contra-atacou. Tenho a impressão de que ele percebe isso imediatamente. Nossa colega diz que esse momento foi muito importante nessa análise.

Aproveitando a metáfora das minas no Afeganistão, alguém do grupo pergunta se esse material explosivo está *fora ou dentro* dele. Vejam a teoria implícita na pergunta. A colega quer saber se as minas são as próprias pulsões. Nessa leitura freudiana, ele fica tenso e teme não conseguir controlar algo que é dele, que está dentro dele.

A pergunta é excelente. Todos conhecemos a teoria segundo a qual as pulsões são explosivas e destrutivas. A teoria do recalque – da sexualidade e da agressividade – está baseada nessa concepção. O problema é que esse pensamento é solipsista, isto é, tem a ver com a relação do sujeito com ele mesmo. Supõe que tudo se passa exclusivamente no nível intrapsíquico: as pulsões são explosivas e perigosas porque é da natureza delas, e caberá ao Eu lidar com elas conforme seus recursos.

O que essa teoria não contempla é o fato de que as pulsões se tornam perigosas em um determinado campo intersubjetivo – ainda que o outro-sujeito esteja "dentro de nós", isto é, tenha sido internalizado. É num determinado campo intersubjetivo, com a participação de um outro-sujeito, que minhas pulsões são excitadas além da conta – além da capacidade do sujeito para integrá-las. É a relação com o outro – a partir de suas respostas aos meus movimentos pulsionais – que sela o destino das pulsões.

Em outros termos, é na intersubjetividade que a pulsão sexual será vivida como um excesso que desorganiza – e então terá de ser recalcada – ou como algo que pode ser integrado, e assim enriquecer a vida psíquica. É na intersubjetividade que o sujeito poderá reagir com um ódio em estado bruto – incontrolável – ao trauma precoce. É na intersubjetividade que uma determinada situação vai cutucar o nervo exposto ligado ao traumático.

Claro, a cada vez que isso acontece, o sujeito se vê tomado por um ódio assassino e se assusta consigo mesmo. Temos que lhe dar razão. O que ele não consegue pensar é de onde vem tanto ódio. Não é porque o ódio "vem de dentro" que vamos dispensar a ideia de que o sujeito se constitui na e pela relação com um outro sujeito.

Há pouco vimos que, numa leitura kleiniana, a agressividade vem de dentro, é do sujeito, é constitucional e deriva da pulsão de morte. Também é uma concepção solipsista: o Eu com ele mesmo.

Hoje é difícil pensar o sujeito e suas pulsões sem incluir o objeto e suas respostas – que podem ser mais ou menos adequadas – aos movimentos pulsionais da criança. É por isso que Green (2005) propõe o par pulsão-objeto – a pulsão como elemento intrapsíquico e o objeto (e suas pulsões) como integrante do campo intersubjetivo – como unidade básica do pensamento psicanalítico.

Nossa interpretação do material sobre a Costa Rica indica que, para Leo, poder amar confiando no seu objeto é tão necessário quanto arriscado. Ele tenta escapar dos perigos cercando-se de garantias: Lina é "bela, recatada e do lar"; a Costa Rica não tem exército. O que ele não sabe é que nada se resolve "de fora para dentro". Há muito trabalho psíquico a ser feito.

Começamos a vislumbrar um caminho para o trabalho analítico na transferência. A analista precisará criar condições para diminuir a tensão no campo transferencial-contratransferencial. Como? É o que vamos abordar nos próximos encontros.

Segundo encontro

A analista continua trazendo fragmentos clínicos. Com muito medo e vergonha, Leo diz que tem umas paranoias, uns pensamentos ruins. "De que tipo?", pergunta-lhe nossa colega. Ele responde: "pensamentos de pedofilia, pensamentos de estuprar moradoras de rua, de dar um tapa na cara da Lina. Coisas que, na verdade, jamais faria".

M – COMO ESCUTAR ISSO, PARA ALÉM DO CONTEÚDO MANIFESTO? O QUE A CRIANÇA-NELE ESTÁ TENTANDO NOS CONTAR, NA LINGUAGEM QUE É A DELA, NA LINGUAGEM POSSÍVEL?

É evidente que ele está assustado com seus impulsos e com sua "maldade". É como se ele estivesse dizendo: "tenho medo de mim mesmo, sou perigoso, sou do mal". Poderíamos voltar à ideia de que ele tem medo das próprias pulsões. Antes, vamos ver aonde as associações nos levam. Digo isso porque minha escuta analítica se detém em algo bizarro: "estuprar moradoras de rua". O que isso quer dizer?

A conversa continua. Leo diz que leu que pedófilos gostam de mulheres pequenas e sem muitas curvas – um corpo que lembra um corpo infantil. Embora seja esse o biotipo de Lina, não acha que a escolheu por esse motivo, mas, se ela fosse um mulherão, certamente não a escolheria. Ele se sentiria ameaçado por uma mulher sexualmente muito experiente.

Ele está tentando se aproximar de uma ideia aterrorizante: será que é um pedófilo enrustido? Só que nós não precisamos levar o "medo de ser pedófilo" ao pé da letra. Vamos usar o velho truque de imaginar que ele está contando um sonho, e que tudo isso é o conteúdo manifesto do sonho.

M – O QUE ESSAS DUAS IMAGENS ONÍRICAS – SER PEDÓFILO E ESTUPRAR MORADORAS DE RUA – PODEM ESTAR REPRESENTANDO? COMO INTERPRETÁ-LAS?

Proponho, então, que "abusar de crianças" poderia ser interpretado como *abusar de quem não tem forças para se opor.*

Explico: é sempre necessário lembrar às pessoas no ateliê que a escuta analítica supõe certo distanciamento do que "acontece na vida real do paciente". Supõe escutar tudo como um sonho, ou como um pesadelo. De acordo com o Freud de 1900 (Freud, 1900/2019), algum material psíquico inconsciente está se infiltrando, ou se disfarçando, ou tentando se expressar pela via da representação "ser pedófilo".

Com base nesse pressuposto teórico, faço um convite ao grupo para "viajarmos na maionese", isto é, para pensarmos com a lógica do processo primário, que é a lógica do inconsciente, da criança-no-adulto.

Pois, obviamente, não faz nenhum sentido o Leo adulto ser de fato pedófilo ou estuprar moradoras de rua. Não é disso que se trata. Assim como o pedófilo deseja crianças porque acha que são inofensivas e não vão opor resistência, Leo "tem pensamentos" com pessoas inofensivas, dóceis, submissas – mas não necessariamente para um gozo sexual. Na lógica "maluca" dos nossos sonhos, uma mulher *mignon* "bela, recatada e do lar" é como uma criança que não vai opor resistência a ele.

E de repente "estuprar moradoras de rua" ganha sentido! Uma mulher pobre, desnutrida e fraca não tem como se defender. Ela também representa um objeto que, supostamente, não tem como se opor ao abuso. Agora a série psíquica se completa: *mignon*/crianças/moradoras de rua pobres e desnutridas.

~

Na linha do terror que ele tem de ser "do mal", Leo se lembra de um filme. É sobre um homem que sequestra, tortura, estupra e mata crianças da maneira mais sádica possível. O filme – é um pesadelo! – tem mil interpretações possíveis. Leo fala sobre os personagens e se pergunta qual ele seria. O pai das crianças? O pedófilo? A criança? No conteúdo manifesto, o que ele está tentando dizer é que ele tem certeza de que abriga um vilão dentro dele. Está apavorado porque esse vilão vai aparecer e fazer coisas medonhas.

Para nós, o colorido *alucinatório* do material – ele está aterrorizado com a possibilidade de ser um vilão pedófilo – presentifica na sessão algo que é da ordem do clivado – e que está em demanda de simbolização. É como se ele estivesse a meio caminho entre uma fantasia inconsciente e uma alucinação. A primeira já tem representação, mas está recalcada. A segunda ainda não tem representação, e está clivada.

Qual seria o teor dessa fantasia-alucinação? Talvez algo na linha do sadismo (sequestrar, torturar, estuprar e matar crianças). Lembro aqui aquela "microalucinação" da analista – ela ia sair do banheiro do seu consultório e dar de cara com Leo, que voltou para matá-la ou algo assim.

M – E COMO TRABALHAR COM ESSE MATERIAL?

A tentação de embarcar naquilo que ele está propondo e falar da "parte vilão dele" é grande, mas ficaria uma coisa intelectualizada, muito distante do *pavor real* que a criança-nele vive porque está mergulhado na alucinação, na certeza absoluta daquilo que ele está "enxergando" sobre ele mesmo. Quer dizer: a parte adulta afirma que não escolheu Lina por causa do seu biotipo infantil, mas não é Leo-adulto que está com as rédeas na mão. É a criança-nele.

Nesse momento, associo com um caso que ouvi numa discussão clínica. O paciente estava planejando uma cirurgia para mudar de sexo, mas ia adiando a data, cada vez com uma "desculpa". É como se quisesse ganhar tempo. Na discussão do caso, surgiu a ideia de que ele estava numa encruzilhada: ou conseguia *elaborar em* análise questões ligadas à bissexualidade no nível da fantasia de desejo, ou seria obrigado a passar ao ato para viver essas fantasias concretamente. De algum modo, tentava ganhar tempo para não precisar tomar essa atitude tão drástica.

Essa associação sugere um caminho, uma estratégia para ajudar Leo a diminuir a clivagem. É isso que entendo por manejo. Não vamos deixá-lo sozinho: vamos descer com a criança-nele até os porões onde são fabricados seus piores pesadelos. Vamos iluminar a cara dos fantasmas com uma lanterna. A ideia é colocar palavras, fazer com que ele possa formular suas fantasias de desejo mais sádicas junto à analista, e com sua ajuda.

Talvez essas moradoras de rua sejam representantes de um aspecto odiado da figura materna. Isso importa pouco. O que importa é viajar na maionese junto com a criança-nele. A aposta é a de que, se puderem ser vividas no plano das fantasias, tais cenas não precisarão ser atuadas, como ele teme. O pavor de ser *realmente* um pedófilo poderá dar lugar a fantasias eróticas. Por exemplo, do seu desejo de transar com alguém amarrado numa cama e incapaz de se defender.

M – COMO SERIA ISSO NA PRÁTICA?

Proponho exercícios de intervenção em torno do seu desejo/horror de estuprar moradoras de rua. Convido, então, as pessoas a descerem comigo ao tal porão.

- *Como é essa mulher?*
- *Como seria esse estupro?*
- *O que você gostaria de fazer com ela?*
- *Como ela reage quando percebe o que vai lhe acontecer?*
- *Em que lugar o estupro aconteceria?*
- *Alguém fica sabendo?*
- *O que ele sentiria ao penetrar sadicamente a mulher tão desnutrida que não tem forças para se defender?*

Outra possibilidade que precisamos ter em mente é que a criança, a bela/recatada/do lar e a moradora de rua, sejam representações da criança-nele, nas mãos de uma figura parental sádica e abusiva. A escuta muda bastante. Nesse caso, não é ele que tenha medo de abusar, ele está aterrorizado por ter sido abusado. Contudo, ainda não temos material suficiente para apoiar essa hipótese.

Terceiro encontro

A analista começa trazendo um material novo:

> *Eu estava voltando de uma festa de madrugada. O motorista do táxi não fez o caminho indicado pelo aplicativo. Fiquei desconfiado e com medo. Entrei numa noia que ele ia me roubar, ou me sequestrar, ou me estuprar. No primeiro desvio, peço ao motorista que siga o caminho indicado. Ele segue mais um pouco, mas de novo ele não entra na rua indicada. Falo com firmeza para ele não ignorar o aplicativo. Quando cheguei em casa, desci do carro e, antes de fechar a porta, falei um monte e disse que ia denunciá-lo à empresa do aplicativo. Falei tanto que ele desceu do carro babando de ódio para brigar comigo. Entrei logo em casa, mas estou com medo porque ele viu onde eu moro. Ele pode voltar para se vingar.*

Faz muita diferença escutar esse material sem contexto nenhum, por exemplo, num seminário clínico em que só se apresenta uma sessão, ou num início de análise. Ou escutá-lo tendo como pano de fundo o que pudemos ir construindo nos dois encontros anteriores. Digo isso porque, enquanto não temos nada construído sob medida *para este paciente* (a partir do material clínico *dele*), temos de usar nosso acervo teórico, um *prêt-a-porter* genérico que serve como pano de fundo da nossa escuta. E aqui há duas possibilidades clássicas.

Num referencial kleiniano, falaríamos da projeção maciça da sua própria violência sobre o motorista, que passa a ser vivido como um perseguidor. “Vai me estuprar, roubar, sequestrar”. Sentimos na pele a tensão que ele deve ter sentido no táxi.

Num referencial mais freudiano, a criança-nele se excita e se aterroriza com uma fantasia de desejo (vai me estuprar) em relação a um adulto violento (taxista/figura paterna). Estaríamos no campo do princípio do prazer, sem menção ao traumático propriamente dito.

Contudo, nós temos todo o material clínico discutido nos dois encontros anteriores. No segundo, especialmente, temos um filme em que um homem sequestra, estupra e mata crianças. É um filme de terror, um pesadelo. Ele fala do seu medo de ser pedófilo e de seu lado "vilão". Isso me faz pensar que não estamos falando de fantasia de desejo da criança em relação ao adulto, e sim de um terreno traumático: há abuso de poder, além de abuso sexual. Nesse contexto, minha escuta segue um terceiro caminho.

Em vez de me concentrar no medo que ele tinha de ser vítima do motorista (seja por projeção de sua agressividade, seja por sua fantasia de desejo masoquista), eu me concentro *no que ele fez com o motorista* quando se viu a salvo. Ele "come o rabo" e abusa do motorista, que nesse momento está numa posição assimétrica e vulnerável, já que ele pode ser denunciado e perder o emprego. A cena descrita evoca em mim um estupro anal sádico; as palavras aqui têm valor de ato, de modo que ele abusa do motorista nos dois sentidos: abuso de poder e abuso sexual. Ele faz com o motorista o que tem medo/desejo de fazer com uma criança e uma moradora de rua.

Nessa escuta, flagramos o pedófilo/vilão em ação. Isso sugere que não é apenas uma fantasia. Ele realmente tem medo de passar ao ato porque algo ali não está suficientemente simbolizado. Ele sente que pode "ser agido" por forças mais poderosas do que ele/pela identificação inconsciente com uma figura parental abusadora. Muitos criminosos relatam algo parecido. Não é pouca coisa. É por isso que entendo que estamos em terreno traumático. Será preciso transformar em "mera" fantasia sádica o impulso de passar ao ato.

Alguém propõe mais uma escuta para essa cena. A cena evoca a criança-nele que tem suas demandas sistematicamente ignoradas pelo adulto que detém o poder (o motorista). Impotente e abusada, a criança reage com fúria narcísica (falei um monte, ameacei denunciá-lo à empresa).

Em tese, todas as escutas caberiam, mas, frente ao que acompanhamos (seu medo de ser pedófilo), vejo menos a criança que reage ao abuso de poder do adulto, do que ele na posição de abusador. Pois ele "come o rabo" do motorista quando já estava são e salvo em casa. Estava, inclusive, fora do táxi. O motorista só se enfureceu depois dessa sequência.

Se fosse só medo de ser estuprado/roubado, ele chegaria em casa aliviado e pronto, mas não é isso que acontece. O tom (presente na narrativa da analista), e os detalhes da última parte do relato, transmitem o abuso de poder. Ele fez questão de humilhar e tripudiar sobre o motorista, que é o elo frágil da cena final dessa historinha. Mais uma vez, penso que o motorista é a criança/os idosos/a parte fraca que não tem forças para reagir.

Leo exige que o motorista siga o caminho do aplicativo. Faz isso por medo de estar sendo sequestrado? Ou por um controle tirânico – por uma exigência de submissão absoluta ao aplicativo que não admite qualquer manifestação de alteridade? Se tivesse que apostar, o ambiente tenso em sessão sugere que há um controle tirânico sobre a alteridade da analista. Ela tem que andar na linha, senão...

Enfim, na minha escuta, ora ele está identificado com o objeto abusador, e o motorista é a criança abusada, ora ele está identificado com a criança abusada, e vê o motorista como potencial abusador. Essa pode ser também a configuração transferencial, mas ainda é uma hipótese à espera de mais material clínico.

Frente a essa historinha, uma intervenção possível seria (num tom afetuoso e bem-humorado, mas sério): *você comeu o rabo desse motorista, né*? Lembro que o tom com que o analista fala (o afeto é o corpo da palavra) é tão importante quanto as palavras.

Pergunto à colega: o que você acha que ele faria com essa intervenção? Conseguiria ouvir? Ficaria furioso? Isso abriria para novas associações? Ou levantaria mais resistências? A resposta é inconclusiva. Nada impede de testar e ver o que ele faz com esse tipo de intervenção.

Uma colega formula uma questão importantíssima: qual seria a minha intenção ao propor essa interpretação?

A intenção é criar a quatro mãos, como no jogo do rabisco, de Winnicott (1971/1994), uma rede de representações da cena abusador – abusado. Ela se repete em diferentes contextos, sugerindo que se trata do "núcleo" do traumático. Elaborar o traumático passa, justamente, pela criação dessa rede que Emanuelle Chervet (2017) chama de "o domínio intermediário".

Imagino que a repetição das cenas irá mostrar quando ele está na posição do abusado, e quando na de abusador. Depois de suficientemente "frequentado", esse porão poderá ser integrado ao resto do Eu, deixando de assombrar o paciente. O risco da passagem ao ato – o que Leo mais teme – estará "domado". Enfim, com a escuta sensibilizada, não será difícil reconhecer a díade *abusador-abusado* onde ela aparecer, inclusive na transferência com a analista.

M – MAS COMO ESTA CENA PODERIA INDICAR UM CAMINHO PARA QUE O TRAUMÁTICO SEJA ELABORADO NO AQUI E AGORA DA ANÁLISE?

Vamos retomar.

Nossa colega se sente vigiada e controlada pela criança emburrada. Por exemplo, Leo quer saber se ela anota as sessões ou não. Segundo ele, sua analista teria que fazer exatamente como manda o CRP, que é o *Waze* dos psicólogos. Se ela ousar fazer do seu jeito, paira uma ameaça no ar – ela chega a imaginar que poderia ser denunciada ao CRP. Temos as perguntas à queima-roupa. Temos a cena em que sai do banheiro e imagina o paciente esperando para agredi-la.

Em todos esses momentos, ela é o elo fraco: Leo "contratou seus serviços" e, de certa forma, nossa colega se sente dependente da "satisfação" – ou, pelo menos, do progresso – do "cliente" exigente. Em tempos de rede social, o cancelamento é sempre uma ameaça.

Por outro lado, ela é também a parte forte da dupla: é ela que conduz a análise. Leo está nas mãos dela, depende inteiramente do que ela possa dizer ou fazer. Depende muito especialmente de sua competência como profissional. Tem medo de ser enganado ou abusado pela analista-motorista, pois não tem elementos para saber se ela trabalha bem ou não, se é correta ou não. E tem mais: na cena, o motorista se cansa de ser tiranizado por Leo e sai do carro para brigar. O que uma analista irritada poderia fazer com seu paciente?

Em termos de manejo, a linha de trabalho mais produtiva seria conseguir se descolar e se deslocar desses dois lugares em que ele a coloca. É importante não se submeter à criança emburrada que controla os pais, pois ele ficaria muito sozinho. Nem abusar do poder transferencial, o que seria retraumatizá-lo. Não podemos esquecer, contudo, que manejo significa interpretar o material clínico tendo como norte uma determinada estratégia de trabalho. Nesse caso, em primeiro lugar, não se deixar controlar ou tiranizar pelo paciente. Não comprar esse peixe.

Temos um momento em que isso acontece. Em outro encontro, vimos como Leo tentou encostar a analista na parede, perguntando à queima-roupa se a análise adianta, e exigindo garantias com relação ao bom resultado do seu processo analítico. Ela conseguiu se deslocar e dizer com alguma tranquilidade: "não posso te dar garantias, mas fazemos uma aposta de que sim". Acho que, para ele, foi um alívio, não tanto pela resposta (ele não ouviu o que queria), mas por ela não ter se deixado controlar/acuar. Afinal, o fundamental é ter alguém, um adulto responsável se possível, no comando – o carro tem um motorista capaz de avaliar qual o melhor caminho.

Nossa colega traz uma sessão posterior à nossa conversa no ateliê.

Leo saiu péssimo da sessão em que falaram de estuprar crianças e moradoras de rua. Ficou inquieto. Confirmou a interpretação de que sente prazer, ou um impulso, de abusar dos vulneráveis. A colega diz que seria um espanto se ele não ficasse inquieto com a descida ao porão.

Ele continua. Fala em estuprar o chefe, as colegas e até a analista. Sem entrar no mérito das cenas, nossa colega entende que ele está horrorizado: "sou um tarado, sou do mal". Leo concorda, fala em medo de ser cancelado. Ele se espanta consigo mesmo, não se sente sujeito desses impulsos. Sabemos disso porque a pergunta implícita é "de onde me vem isso? Sou um estuprador? Sou pedófilo?". E, em voz alta, pergunta à analista: "*eu poderia fazer isso de verdade*?". O desespero é genuíno.

M – COMO INTERPRETAR ESSE MATERIAL?

Aqui entra a imaginação clínica do analista. *Explicitamente*, o que ele quer saber é se seria capaz desses atos, mas nós temos que imaginar o que está *implícito*: se ele for mesmo um monstro, suas chances de vir a ser amado por alguém são zero. É o que ele mais teme. Talvez Lina tenha ido embora por isso. As pessoas fugiriam dele. Teriam medo dele, ele ficaria sozinho. Ser cancelado é isso.

Perder tudo. Tornar-se um pária. É esse o pavor que move as perguntas que ele faz à analista.

E ele continua, (supondo que seja um monstro): "isso é uma coisa que passa de pai para filho?".

Essa pergunta me surpreende e me toca. O que um eventual filho tem a ver com o que ele está dizendo? A analista percebe que ele se emocionou e está com os olhos marejados. Ela lhe pergunta por que se emocionou. Ele responde que o que mais queria era se casar, ter uma família, ser um bom pai, curtir o filho.

Aqui é preciso cuidado para não escorregarmos para o senso comum. De fato, muitas pessoas querem casar e ter filhos, mas, para cada uma, "ter filhos" significa uma coisa diferente. Leo não tem nem namorada e está pensando em filho. Nesse contexto, as orelhas analíticas ficam de pé: para que ele quer um filho? O que significa filho para ele?

Esse material traz apenas a pontinha do *iceberg*. Há um bloco de gelo gigante submerso. Mais uma vez, temos que recorrer à imaginação clínica para "enxergar" do que se trata.

Se ele tivesse um filho, alguém o amaria. Um filho o resgataria desse lugar horrível de monstro/pária que ele pensa ser. Um filho poderia lhe dizer: *você não é do mal, você é um bom pai; papai, eu te amo muito*. No entanto, se "isso" passar de pai para filho, ele será privado dessa redenção. Seus olhos ficam marejados porque a ideia de que ele tem zero chance de vir a ser amado é profundamente dolorosa e triste.

Resumindo: se ele for mesmo pedófilo, não poderá se casar e ter filhos, não terá quem olhe para ele com amor, não será nunca resgatado desse lugar horrível. Sem falar do horror daquilo que, sendo pedófilo, poderia fazer com o próprio filho!

M – COMO SERÁ QUE ELE CONSTRUIU ESSA REPRESENTAÇÃO DE SI TÃO TERRÍVEL? EM QUE TIPO DE VÍNCULO INTERSUBJETIVO ESSA IDENTIFICAÇÃO FOI CONSTITUÍDA?

Quarto encontro

Nossa colega lê mais alguns trechos de uma sessão.

Leo não tem tesão em nada etc. Descreve um cotidiano mecânico. Não precisamos de todos os detalhes, pois, mais uma vez, está se queixando do vazio de sua vida pós-Lina. Mas não é só! Agora já sabemos que ele perdeu as esperanças de, um dia, vir a ser amado por alguém. Imagina seu futuro sombrio, tão vazio e solitário quanto o presente. Para ele, não haverá nem outra namorada, nem mesmo um filho!

Essa seria uma interpretação importante, mas não foi o rumo da sessão. Quando o silêncio pesa, a analista se sente convocada a fazer perguntas. Porém, se fizer perguntas, ele se crispa. Para ele, deve soar como um interrogatório.

M – O QUE SOBRA? O QUE A ANALISTA PODERIA DIZER?

Em certo momento, ela faz um comentário bem simples, meio que só repetindo com suas palavras o que o paciente tinha acabado de dizer. Para sua surpresa, o paciente relaxa um pouco e traz associações.

Vejam como, do ponto de vista da técnica, esse "acontecimento" indica um caminho produtivo para distensionar o campo transferencial. É o famoso jogo do rabisco (Winnicott, 1971/1994). O paciente disse alguma coisa, a analista praticamente apenas repete o que ele disse, mas essas palavras funcionam como um rabisco acrescentado. Há comunicação e alteridade, mas de forma minimalista. Por isso, não é ameaçador; ele pode relaxar e fazer um novo rabisco, isto é, trazer mais uma associação.

Ele volta a Lina, mas agora para dizer que tinha tesão em muitas coisas quando estava com ela. A novidade é que ele sai da queixa e vai para a rememoração. Agora descreve algumas das coisas boas que faziam juntos. Lina era seu sol, e entendemos esse material como representação de um aspecto caloroso e iluminado da figura materna. Seria o início do trabalho de luto?

Lina parece ser o suporte transferencial de uma figura que lhe proporcionou o melhor, mas também o pior. A luz e o calor do sol, mas também o abandono/abuso. Seria uma figura parental bipolar? Imprevisível? Hoje está de bom humor ou de mau humor? Imaginem Leo tentando adivinhar se o que ele vai dizer ou fazer vai acionar a explosão da mina.

Agora que escrevo, ocorrem-me algumas ideias sobre o traumático que aproveito para desenvolver. Estamos acostumados a ouvir dizer que o traumático é o "excesso". Costuma-se incluir aí o "excesso de falta", para diferenciar de uma "falta" necessária à constituição do humano. Pois bem: é uma definição superficial e puramente quantitativa do trauma. Não abarca sua complexidade, que advém também de uma dimensão qualitativa.

M – Vamos falar um pouco sobre a dimensão quantitativa do traumático para ver onde nos leva.

O traumático é um acontecimento ou, mais frequentemente, uma sucessão de pequenos acontecimentos cotidianos. Esses acontecimentos sempre ocorrem numa relação intersubjetiva: é sempre na relação com o objeto que se produz um excesso de dor, de terror, de ódio, de vergonha, de humilhação, de excitação sexual, ou de qualquer outro afeto.

O traumático se define em relação ao momento maturativo da criança (ou do adulto), isto é, depende do repertório simbólico do momento, pois há acontecimentos que serão traumáticos se a criança tiver três meses, mas não se ela tiver três anos. Isso no caso de uma constituição suficientemente boa do narcisismo primário, em que supomos que seu repertório simbólico será suficiente para lastrear o trabalho psíquico necessário.

Enfim, o traumático é sempre uma desproporção entre os afetos vividos no vínculo intersubjetivo, e a capacidade de processar esses mesmos afetos. Ele desorganiza o aparelho psíquico, que entra em pane. Trava o processo de simbolização primária, isto é, bloqueia a capacidade de trabalho psíquico que poderia dar uma primeira representação psíquica à experiência.[2]

Resultado: quando a experiência emocional é traumática, será vivida como um *não sentido*. O afeto básico que acompanha esse não sentido é a *angústia*. Os elementos que compõem a experiência serão registrados no Isso como elementos-beta, isto é, como elementos sensoriais que afetam a criança, mas não se juntam para formar um sentido.[3]

Todo mundo tem que continuar a viver, mesmo nas piores condições emocionais. De modo que cada um se vira como pode para conter a angústia produzida pelo traumático e seguir em frente (Roussillon, 2012). O Eu será obrigado a mobilizar defesas contra a angústia. São defesas primitivas que custam caro ao aparelho psíquico em termos de gasto de energia e de liberdade interna. Essas defesas originam os sintomas que atrapalham a vida do paciente.

---

2 Há uma discussão sobre simbolização primária no Capítulo 2 – "Você sabe para que serve uma análise?", do volume 1. Há também uma discussão sobre simbolização primária no Capítulo "Trauma e Simbolização" do meu livro *Diálogos sobre a clínica psicanalítica* (Blucher, 2016).

3 Há uma discussão importante sobre elemento-beta no Capítulo 2 – "Você sabe para que serve uma análise?", do volume 1.

M – AGORA VAMOS FALAR UM POUCO SOBRE OS ASPECTOS QUALITATIVOS DO TRAUMÁTICO.

Eles dependem inteiramente do tipo de *interpretação* que o objeto primário dá às demandas da criança pequena – interpretação que, por sua vez, condiciona o *tipo de resposta* que ela receberá.

Alguém no ateliê diz que faz tempo que quer perguntar o que é, exatamente, objeto primário. De fato, é um conceito muito importante. Resumindo muito, é o conjunto dos psiquismos junto aos quais o sujeito se constituiu. É o conjunto dos elementos conscientes, mas principalmente inconscientes, de pessoas significativas e instituições que participaram da constituição do narcisismo primário. Refiro-me às bases – as fundações – do psiquismo, o que inclui tanto as funções do Eu quanto suas autorrepresentações. Não é sinônimo de "mãe", embora o psiquismo materno tenha, em geral, uma posição de destaque.

Vamos ver um exemplo bem simples sobre como o objeto primário interpreta a demanda que vem da criança, e como isso condiciona a resposta que dará a ela.

Um bebê chora. Uma mãe (ansiosa) interpreta o choro como desastre iminente e por isso vai correndo pegar a criança. A outra (paranoica) interpreta o choro como manipulação e demora meia hora para aparecer para não "estragar" a criança. As duas situações podem configurar um excesso (de abandono ou de presença). Porém, o registro da experiência de ficar chorando meia hora é totalmente diferente do registro de não poder chorar nem um minuto. E a mensagem que cada mãe passa também é totalmente diferente: num caso, o bebê se vê refletido como de uma fragilidade extrema. No outro, como alguém manipulador e do mal. O exemplo é esquemático, pois espera-se que cada bebê tenha também um pai ou equivalente, uma tia, uma avó, uma babá etc., cujos psiquismos também entram no caldo identificatório, eventualmente modulando o que vem da mãe.

Esse é o começo da história do processo de subjetivação de cada um. Ambos vão ter de se virar e fazer alguma coisa com o que encontraram em seu vínculo precoce. São os elementos qualitativos que vão dar o colorido e a *especificidade* ao traumático, bem como às identificações que cada um vai construir. É por isso que *cada sujeito é único*: cada um vem ao mundo com suas competências, e encontra no vínculo intersubjetivo condições e características específicas.

Continuando com o exemplo, e dando muitas e muitas asas à imaginação, o primeiro bebê se transforma num adulto angustiado e medroso – sente que está sempre a um passo do desastre iminente. O segundo se organizou para não depender de ninguém. Cada um com seu sintoma, ambos estão com a vida enroscada: um por medo de tudo, o outro desconfiado de tudo e todos. O traumático de um é totalmente diferente do traumático do outro porque cada um precisou se constituir em um vínculo intersubjetivo com características muito específicas, sempre ligadas ao inconsciente do objeto primário. Idealmente, a dupla transferência (sobre as representações e sobre o objeto) nos permitirá reconhecer em que tipo de vínculo intersubjetivo o sujeito precisou se constituir. O trabalho na transferência consistirá em dar uma resposta *qualitativamente* diferente daquela que o objeto primário pôde dar.

Sendo assim, dizer que o traumático está sempre ligado a "um excesso" está correto, mas é absolutamente insuficiente para a condução do trabalho na clínica.

M – E VOLTANDO PARA LEO, O QUE PODEMOS SUPOR?

Com o material de que dispomos até agora, eu diria que ele encontrou uma solução para o seu traumático: criou uma carapaça tipo porco-espinho. Não deixa ninguém chegar perto como garantia de que não será atacado. Ele se crispa. Quem está com ele se crispa também. A analista detecta isso perfeitamente. Claro que ele também perde o calor do vínculo amoroso. É a defesa atrapalhando a vida.

~

> *Não confio em ninguém. Nem em você. Como posso saber se você não está comigo só pelo dinheiro? E se você ficar me enrolando só para não perder um paciente? [e outras coisinhas do gênero]*

Que situação espinhosa! Nossa colega se sente atacada. E se a gente lembrar que o porco-espinho foi a solução que a criança encontrou para lidar com o traumático, nossa escuta muda. Ele não está atacando. Ele *só está sendo o porco-espinho*! Escutaremos esse material como uma defesa que complica a vida dele porque o condena à solidão.

M – COMO CRIAR, NO CAMPO TRANSFERENCIAL, UM AMBIENTE TAL QUE ELE NÃO PRECISE MAIS DESSA DEFESA?

Como vimos, a estratégia é tentar *distensionar* o campo transferencial. Frente a esse material, poderíamos dizer num tom caloroso: "e tudo que você queria era ter uma analista que pensasse em você, e não só no dinheiro, ou no próprio umbigo".

Com essa intervenção simples, mas empática, a analista interpreta o conteúdo da historinha e, ao mesmo tempo, *faz alguma coisa* na transferência. O que? Basicamente, *aquece* seu coração "espinhudo". Vejamos:

Primeiro, ela *sintoniza* com a dor da criança emburrada, res munguenta, briguenta que se tornou um adulto amargo. Ao se ver bem refletido ("essa daí me entendeu!"), ele se sente acolhido naquilo que nem ele mesmo sabia, e pode relaxar. Pode pôr os espinhos um pouco de lado para usufruir um pouco da proximidade de um ser humano. Aqui, a analista está sendo Lina, um sol que ilumina e aquece. Ele pode se vitalizar com esse contato. Pode ir descongelando as defesas.

O que aprendi com este ateliê?

Comecei citando o texto de Winnicott de 1947 (1947/2021) sobre o ódio na contratransferência. Não sei se alguém escreveu um texto sobre o medo na contratransferência. Seria muito útil porque é uma configuração clínica muito frequente – acho que bem mais do que o ódio. Este caso, assim como o de Cida (do Ateliê 1 – *"Odeio meus pais!"*, do volume 2), ilustram duas dinâmicas bem distintas que produzem medo na contratransferência.

No caso de Cida, é o medo de entrar na lista das pessoas de quem ela tem ódio e que podem ser canceladas. É a mesma dinâmica do caso de Sara, apresentado no fim do Capítulo 2 – "Você sabe para que serve uma análise?", do volume 1, em que a colega estava com medo de ser denunciada ao CRP. Eu tinha mais intimidade com o medo produzido pelo ódio de pacientes paranoicos.

Já aqui, a dinâmica era totalmente diferente, e foi isso que aprendi. Este paciente nos dá medo por causa da carapaça espinhosa que a criança-nele precisou criar para se defender. Ficamos com medo de ser espetados porque ele de fato ataca, mas ele não faz isso por ódio. É por medo.

Quando entendemos que era uma estratégia para proteger um coraçãozinho vulnerável, pudemos perder o medo, distensionar o campo transferencial e colher uma flor: ele nos franqueou o acesso ao seu sofrimento (guardado a sete chaves). Ninguém imaginava que ele se via como um monstro (tinha medo de ser pedófilo!) e, nessa condição, um pária que não poderia jamais ser amado por alguém – nem por uma namorada, nem mesmo por um filho.

Ateliê 3
Quero ter uma namorada

Esse caso tinha duas particularidades que, somadas, poderiam dificultar nosso trabalho no ateliê: era uma análise conduzida exclusivamente online e num idioma que não era a língua materna da analista, mas o ateliê foi produtivo justamente por isso.

John, um inglês criado na Nova Zelândia e vivendo em Berlim, contrata uma análise no Brasil em inglês. Em si, isso já é uma questão: até que ponto a comunicação inteiramente mediada por uma tela pasteuriza as manifestações não verbais do discurso, dificultando o acesso ao inconsciente?

Além disso, o que pensar de uma análise conduzida em língua estrangeira? É possível captar nuances que só um nativo detecta? Nossa hipótese central é a de que o inconsciente se manifesta por meio das mais variadas formas de linguagem – verbal, mas também corporal, afetiva, onírica, lúdica, artística. Pressupomos de um lado a fala do paciente e, do outro, a atenção flutuante do analista. Esse tipo de atenção é possível quando o analista precisa fazer um esforço a mais para compreender o paciente que fala em idioma estrangeiro?

E o que dizer do fato de que todo o material clínico a que tivemos acesso tinha a marca da tradução da analista?

Neste ateliê, fomos surpreendidos com a descoberta de que, nesta análise, um elemento que parecia ser apenas utilitário – falarem em inglês em vez de português – já era o suporte transferencial de uma experiência de "estrangeiridade" no vínculo primário. E que a mediação por uma tela era a condição para que o paciente pudesse aguentar o contato com outro ser humano. Ou seja, os dois elementos que pareciam ser um empecilho já eram sintomas do que precisava ser trabalhado em análise.

Primeiro encontro

A colega nos apresenta John, de 34 anos, que a procurou durante a pandemia. Inglês, criado na Nova Zelândia, mora em Berlim há um ano. Na época, namorava uma brasileira que fazia análise online com uma psicanalista no Brasil. Pede a indicação de alguém que pudesse trabalhar com ele em inglês.

Não deixa de ser intrigante. Por que não procurou alguém em Berlim fluente em inglês? Certamente há muitos colegas que preenchem esse requisito. E, se era para fazer online, por que não um analista inglês, como ele? Como veremos, esse dado indicava a pobreza da rede social de John. Ele não tinha ninguém além da namorada a quem pedir uma indicação, algo já bem significativo do seu funcionamento psíquico.

Demorou para que percebêssemos que, ao aceitar John para uma análise em inglês, a analista já estava sendo convocada transferencialmente a fazer um esforço a mais de "tradução". Não me refiro ao nível funcional da fala, já que a analista era fluente no idioma. Refiro-me à dúvida que compartilhou conosco: se seria capaz de "entender o sotaque da Nova Zelândia". Ela mencionou o sotaque, mas acredito que a dúvida incluía também se seria capaz de captar as *nuances* que só um nativo conhece. Penso que essa dúvida já era uma manifestação da contratransferência num nível inconsciente.

John foi encaminhado com o seguinte comentário: "É um caso bem difícil", provavelmente por conta do que a analista da namorada ouvia sobre o rapaz. Das entrevistas, sabemos que nossa colega lhe propôs duas sessões por semana, mas ele recusou dizendo que "não aguentaria". Ficou claro para a analista que não se tratava de falta de tempo ou de dinheiro, de modo que imaginamos que o problema poderia ser a intensidade do contato.

M – POR QUE SERÁ QUE ELE NÃO TOLERA A INTENSIDADE DO CONTATO?

Não sabemos. A analista continua a apresentar o caso. Frente à estranheza da contratação, ela acrescenta que a foto dele no *WhatsApp* também era curiosa. John, que é um rapaz bonito, estava vestido com uma camisa xadrez, tinha uma barba espessa e carregava um machado nos ombros, tendo ao fundo uma densa floresta. Essa aparência contrastava com o que nossa colega foi ouvindo de seu paciente ao longo da análise: alguém que se julgava pouco atraente e pouco interessante para as mulheres.

Enquanto escrevo, e talvez porque àquela época eu também estivesse morando em Berlim, ocorreu-me que poderia ser uma referência à cultura alemã. Há muitas florestas na Alemanha. Um neozelandês travestido de alemão típico! Seja como for, a foto chamou a atenção da analista: parecia ser algum tipo de declaração (*statement*), isto é, visava comunicar alguma coisa. Por exemplo, a tentativa de um estrangeiro de não parecer estrangeiro. Ou ao contrário: uma ironia com o fato de ser um estrangeiro e estar tentando se integrar na Alemanha.

~

John conta que há anos planejava morar em Berlim, pois "odiava morar na Nova Zelândia".

M – POR QUE ODIAVA A NOVA ZELÂNDIA? POR QUE ESCOLHEU BERLIM?

Minha pergunta parte do pressuposto de que "gostar" ou "não gostar" de um lugar, ou de uma atividade, sempre engaja algum elemento da subjetividade. Por exemplo: se alguém "odeia" matemática é porque essa disciplina devolve ao sujeito uma imagem desvalorizada de si, o que produz sofrimento narcísico. É muito diferente de simplesmente *não gostar* como mera questão de gosto – por exemplo, não gosto de jaca.

Em qualquer ateliê, nosso primeiro passo é tentar acessar, ou reconhecer, em que universo subjetivo vive cada um dos nossos analisandos. No léxico que fui desenvolvendo nos meus ateliês, e para chamar a atenção de que cada um vive num universo próprio, tentamos imaginar "em que planeta tal pessoa vive". E isso pela boa razão de que cada experiência subjetiva encarna uma forma muito particular de ser e de sofrer, que por sua vez permite desvelar algo do funcionamento mental inconsciente. Em outros termos, os elementos inconscientes são *transferidos* para a situação atual, determinando a experiência subjetiva de cada um.

Para começar a descobrir como é o planeta em que John vive, precisamos de elementos sobre sua experiência subjetiva em relação à Nova Zelândia. Esse país existe, é uma realidade, mas o que nos interessa é que essa realidade *representa* coisas diferentes para pessoas diferentes. Quando ele diz "odeio a Nova Zelândia", a intensidade do afeto indica uma transferência negativa com esse "país", isto é, com o que ele representa para John.

A mesma ideia vale para o fato de ter escolhido Berlim. Ele deve ter algum motivo – alguma fantasia, alguma expectativa – para, dentre todas as cidades do mundo, escolher Berlim, sendo que ele não fala alemão, nem tem qualquer vínculo com o lugar. Ou seja, Berlim é um lugar, mas para nós é também uma representação – representa alguma coisa para ele.

A colega diz que sim, explorou o que ele odiava naquele país. Lá ele se sentia um *outcasted* (a analista repete para nós em inglês o termo que ele usou), um excluído, alguém que não pertence, diferente dos outros, um estrangeiro que vive à margem. Segundo John, em Berlim, cada um vive como quer, a sensação é de absoluta liberdade, ninguém julga ninguém.

Entendemos, então, que John vai a Berlim porque imagina que não se sentiria tão estrangeiro quanto na Nova Zelândia. Seu sofrimento narcísico poderia ter outra leitura. Se ele também se sentir *outcasted* na Alemanha, será por sua condição de expatriado, e não por uma sensação de exclusão que o acompanha desde sempre, mesmo em sua cultura de origem.

~

Na primeira sessão, John diz que procura ajuda por "problemas de relacionamento".

> *Entro no aplicativo, conheço uma mulher e fico animado com a nova relação, que logo se transforma em namoro. Mas então um mesmo ciclo se repete. Começo a me sentir sufocado, preciso procurar espaço e acabo tendo várias mulheres ao mesmo tempo. A namorada se queixa, vou me sentindo responsável pelo que ela sente,*

não aguento drama. A relação acaba, me sinto sozinho e volto ao aplicativo. Eu quero ter uma namorada fixa.

M – O QUE SERIA ESSE "NÃO AGUENTAR DRAMAS"?

John dá um exemplo. Quando a namorada percebe que ele está saindo com outras mulheres, briga com ele. Ele não entende qual é o problema, acha que a namorada está fazendo drama. A primeira tentação das mulheres do ateliê é emitir um julgamento moral a respeito do comportamento de John: um típico "macho alfa". O problema é que sua analista não consegue vê-lo assim. Para ela, a questão dele é não ter empatia para com o outro. No senso comum, seria um egoísta, alguém que só pensa em si.

"Egoísta" é um juízo moral, o que indica que estamos escutando o adulto, e não a criança-no-adulto. Mesmo quando falamos em "falta de empatia", temos que tentar entender por que ele não desenvolveu empatia em relação ao outro. Com que tipo de objeto – em que tipo de vínculo – ele teve que se constituir como sujeito? Que tipo de respostas esse objeto pôde dar – ou não dar – aos seus apelos, às suas demandas pulsionais, às suas tentativas de comunicação?

Chama a atenção a *tranquilidade*, ou até a *ingenuidade*, com que diz que "não aguenta drama". Poderíamos pensar que ele *não entende* que uma mulher possa sofrer por se sentir traída, ou que possa brigar ou ter reivindicações em relação a ele. Em vez de falta de empatia, talvez John seja apenas um "sem noção".

Quem sabe se juntarmos isso com outra observação dele nessa linha – "se sente sufocado porque se sente responsável pelo que elas sentem" – podemos nos aproximar do seu universo subjetivo sem crítica (e com mais empatia!). O que será que ele quer dizer com "se sentir responsável"? A primeira ideia é a de que ele vê as mulheres como desamparadas e dependentes dele, mas não é essa a descrição que ele faz delas. Ao contrário, todas têm vidas próprias e autônomas. Parece mais que ele imagina que *elas esperam algo dele, mas não faz ideia do quê.*

Então seria esse sentimento de "incompetência" para lidar com as emoções alheias que o obrigaria a evitar o contato próximo com o outro! Faz todo sentido ele ter dito que "não aguentaria duas sessões por semana". Tal enquadre seria vivido como uma demanda excessiva por parte da analista; ele se sentiria responsável por ela e sufocado. Esse é um dos muitos momentos em que constatamos que, quando entramos no planeta do outro, nossa escuta se torna mais *precisa*: não é que ele não esteja nem aí em relação aos estados emocionais das mulheres. Ele não aguenta. É diferente.

Se alguém não aguenta carregar um peso é porque não tem forças para isso. No caso de John, já vimos que a vida emocional do outro é um peso.

M – POR QUE A VIDA EMOCIONAL DO OUTRO SERIA UM PESO PARA ELE?

Talvez porque seja um mistério indecifrável e intraduzível. Oppss, *intraduzível*? John chama de "fazer drama" uma situação emocional que não faz sentido para ele, que é incapaz de traduzir. E como se a candidata a namorada estivesse falando numa outra língua que não a dele.

~

Seja como for, John não parece ser um macho alfa, nem um folgado, mas alguém que não tem estrutura psíquica para "aguentar a barra". Do ponto de vista da psicopatologia psicanalítica, não ter empatia, ou não ter o equipamento psíquico para o contato humano, configuram organizações psíquicas totalmente diferentes.

É problemático confundi-las porque o analista vai endereçar suas intervenções para o "planeta" errado, embolando o meio de campo e deixando de encontrar/acessar o paciente onde ele está.

Em todos os ateliês, em algum momento, é necessário lembrar que estamos tentando acessar a criança-no-adulto. Aqui, tudo indica que o adulto desqualifica o sofrimento das namoradas *por não ser capaz de traduzir essa linguagem*. Podemos imaginar que, além de namoradas, são um "avatar" da criança-em-John. Nos jogos eletrônicos, um avatar é uma representação virtual do jogador, mas é tão real que o jogador sente tudo que o avatar sente. Por exemplo, angústia e taquicardia quando o avatar está para morrer.

Há, contudo, uma grande diferença com relação ao uso que faço do termo. Se, no jogo, o jogador tem consciência de que sente na própria pele tudo o que o avatar vive, aqui o avatar é o suporte transferencial do que o paciente viveu, mas *sem saber que viveu*. Ele não sabe que seu próprio sofrimento foi considerado "drama" por seu objeto, incapaz de reconhecer e de traduzir emoções. O avatar – e, portanto, muitos dos personagens que o paciente traz para a sessão em seu discurso – tem a mesma função dos bonequinhos, ou dos bichinhos, da caixa de ludo das crianças pequenas: ser suporte transferencial de um dos integrantes da cena ligada ao traumático não simbolizado.

De modo que, ora o material clínico traz o John adulto identificado com esse objeto, ora traz um avatar da criança-em-John que tenta desesperadamente se fazer entender. Na transferência, e de forma complementar, ora a analista estará identificada com o esforço da namorada/criança-em-John para se fazer entender, ora com o adulto que não consegue traduzir o que John tenta comunicar, ainda que de um jeito meio torto. Refiro-me ao fato de que ela não consegue se impedir de traduzir seu comportamento como egoísmo e falta de empatia.

Percebe-se que não precisamos de material em que o paciente fale sobre os pais. Aliás, John não seria capaz de dizer "minha mãe isso, meu pai aquilo". A transferência das figuras parentais internalizadas para situações do cotidiano é mil vezes mais fidedigna do que qualquer coisa que ele pudesse dizer. Inconsciente e transferência não mentem.

O importante é que, quando conseguimos traduzir o que ele está dizendo, descobrimos que faz todo o sentido ele se sentir sufocado, precisar de espaço e buscar relações pelo aplicativo. Se pudermos interpretar isso, *nós nos tornamos na transferência* um primeiro objeto que fala a mesma língua que ele.

~

A analista continua o relato. Pelo que ela foi juntando, John é um jovem solitário, trabalha em casa, passa o dia atrás de uma tela, não fala com ninguém. Desconfiamos de que seu isolamento não se deve à pandemia. Antes de 2020, ele já criava *sites*, de modo que a vida dele praticamente não mudou. Todos nós, apesar de trancados em casa e trabalhando online, fizemos o possível para manter contato com o mundo. Aqui é diferente. É um isolamento de quem não tem vínculos significativos, exceto o fugaz namoro do momento. Tanto que não tinha para quem pedir indicação de psicanalista.

Nesse momento, a analista se lembra de que o vínculo significativo não era com a namorada, mas com uma amiga casada de quem falava muito. Assim como ele, ela adora esporte. Agora, enquanto escrevo, percebo que, graças ao esporte, eles "falam a mesma língua" e se entendem!

Uma palavra sobre "criar *sites*": claro que há muitas pessoas que trabalham com isso, mas, se escutássemos esse material também como indicativo de alguém que, por não saber se relacionar com pessoas, prefere se relacionar com algo *inanimado*, como uma tela? Ou prefere se relacionar por meio da tela? Lembrando que os aplicativos de namoro também são na tela do celular. Essa hipótese foi ganhando força ao longo dos quatro encontros.

Sobre os aplicativos para conhecer mulheres, um esclarecimento importante: não tenho absolutamente nada contra eles. Meu esforço vai no sentido de escutar o material analiticamente, para além do conteúdo manifesto. O que quer dizer esse tipo de "conquista" para John? A analista esclarece que ele não é do tipo que se vangloria de tais conquistas.

M – O QUE JOHN BUSCA NOS RELACIONAMENTOS POR APLICATIVO?

A resposta é imediata: sexo. Voltamos ao macho alfa. Insisto um pouco na ideia de que sexo significa coisas diferentes para cada pessoa. Sexo é uma coisa real, existe, mas para cada um *representa* algo diferente. Queremos saber de que maneira a subjetividade de John está engajada nesse comportamento.

Proponho algumas hipóteses. Ele conquista uma atrás da outra porque precisa se sentir desejado? Precisa sentir que é um amante maravilhoso? Ou, em outra linha, seria algo compulsivo? Uma tentativa de garantir o sentimento de ser e de existir? De se sentir conectado? A excitação seria o elemento sensorial que lhe garante um contorno, uma coesão somatopsíquica?

Para nossa surpresa, descobrimos que não era nada disso! É maravilhoso quando o material clínico nos surpreende, pois significa que estamos trabalhando honestamente, quer dizer, sem aplicar a teoria já conhecida ao paciente. Estamos abertos para acolher de verdade o que vem e para tomar em consideração seja lá o que for.

John diz que sexo é *uma moeda de troca*. É o que ele tem para dar. De resto, não vê por que alguém se interessaria por ele.

Por essa não esperávamos! E a analista nos diz que faz sentido, pois ele é muito tímido, mais para passivo, sem iniciativa. Com seus 57 quilos, não é o "galinha" que a gente imaginava, apesar de transar com tantas mulheres. Está cansado de relações fugazes. Ele realmente está atrás de uma namorada, quer dizer, de uma relação estável.

Moeda de troca! Que expressão inusitada! Deixando de lado as racionalizações (acha que não tem nada além disso a oferecer), essa expressão fica pendurada na minha orelha. Indica mercadoria, coisificação. Mesmo quando o sexo não passa de uma relação sexual, ainda assim é uma *relação*, e não uma *coisa*. Mais adiante vamos ver o que mais pudemos extrair dessa expressão.

M – PARA QUE ELE QUER UMA NAMORADA SE, COMO ELE DIZ, SE SENTE SUFOCADO POR ELAS?

A analista fez essa pergunta e se surpreendeu com a resposta que ele deu. "*Quero uma namorada porque a sociedade espera que você tenha uma*". É importante notar a sensação de *estranheza* que certas respostas dele nos causam. É um elemento contratransferencial fundamental.

Podemos pensar que "a sociedade espera que..." é um suporte transferencial para uma exigência interna, superegoica, mas pode ser também algo na linha de alguém que tenta mimetizar – construir de fora para dentro – o que seria uma "vida normal". Essa ideia remete de imediato ao falso *self*, alguém que teve que se esforçar muito para se adaptar ao objeto até se perder de si mesmo. Se fosse isso, ele se adaptaria às expectativas das namoradas, em vez de achar que elas "fazem drama".

"A sociedade espera que você tenha uma namorada". Ele foi embora da Nova Zelândia porque se sentia um *outcasted*, um excluído. Essa sensação não melhorou em Berlim, e ele pensa que é porque não tem uma namorada. Contudo, se procura análise, é porque sabe que sua angústia diz respeito a algo de muito mais fundamental. Vejamos o que os próximos encontros nos reservam.

Segundo encontro

Como sempre, faço uma breve recapitulação do que vimos no primeiro encontro. O objetivo é estarmos preparados para ver de que maneira esse novo encontro vai ampliar ou, ao contrário, nos obrigará a rever tudo o que tínhamos entendido.

Em seguida, pergunto à colega o que gostaria de nos trazer hoje, alguma *historinha* que julgue significativa.

Parêntese para uma associação que me ocorre agora enquanto escrevo. Ontem ouvi uma linda historinha em supervisão. O material parece bobinho, mas é fundamental porque nos dá acesso ao traumático não simbolizado que precisa ser elaborado.

A analisanda conta à analista que pediu a seu marido – que sempre aparece no material clínico como um bobão sem iniciativa – que fosse ao mercado comprar leite. Notem que eu não disse que ela tem um marido sem iniciativa. Disse que esse personagem *aparece no material clínico* com essas características. Estamos lidando com *representações* do objeto – por isso é uma "historinha". Não estamos numa terapia de casal, nem na casa dela constatando que o marido é assim mesmo. O "marido sem iniciativa" da historinha (e não da casa dela) é um excelente suporte transferencial para um objeto interno, que se torna assim interno/externo.

Pois bem. Esse personagem liga do mercado para dizer que não achou o leite que ela compra sempre, só tinha de outra marca. Ele quer saber se é para comprar assim mesmo. A analisanda diz à analista que explodiu de tanta irritação com o marido. Ao contar essa historinha do jeito que está contando, está convocando a analista para que seja testemunha de como ela tem que aturar um marido que faz perguntas idiotas. Já para quem puder ouvir, essa historinha é sobre *o terror do marido de comprar o leite errado e a esposa cair matando.*

A analisanda pensa que está falando sobre como tem que suportar o marido irritante. Até deve ser verdade, mas tudo isso é consciente. Não é isso que nos interessa. O que nos interessa é o que ela não sabe. O que ela não sabe – porque é inconsciente – é que essa historinha é sobre o terror – terror que, como veremos, é o dela, ou melhor, da criança que ela foi.

Avancemos devagar. Por que esse personagem tem tanto medo dela? Primeiro, porque sente que depende dela. E também porque percebe que ela não o suporta, e que está só esperando um "erro" para cair matando "por justa causa". De fato, a repetição do mesmo tipo de historinha, sessão após sessão, indica que ele se torna irritante porque ela não o suporta, e não o inverso, como ela tenta racionalizar.

E finalmente vem o mais importante: essa historinha é preciosa porque o marido aterrorizado é um "avatar" da criança que ela foi. No entanto, isso só aparece se pudermos escutar a historinha para além do seu conteúdo manifesto. É a escuta analítica que nos permite interpretar a historinha como apresentação (na forma de pesadelo, como indiquei em ateliês anteriores) do traumático não simbolizado.

"Enxergamos", então, a cena traumática: de um lado, temos o avatar da criança aterrorizada que ela foi; do outro (ela está identificada com) o objeto que não tolera essa criança e que por isso é aterrorizante. Em outros termos, ao cair matando no "avatar" da criança que ela foi, a paciente está identificada com o objeto aterrorizante. Nem é preciso dizer que há farto material clínico em que ela ocupa o outro polo da cena traumática (o da criança aterrorizada), enquanto outro personagem ocupa o lugar do objeto aterrorizante.

O que desejo ressaltar é que historinhas desse tipo com "queixas contra o cônjuge" são tão comuns em nossos consultórios que sua riqueza pode passar despercebida.

Voltando ao nosso ateliê. Há uma historinha mínima sobre como John conheceu a amiga alpinista, única pessoa significativa em sua vida, embora (ou talvez justamente porque) sexo não faça parte dessa relação. É uma relação diferente de todas as outras.

> *Frequentamos a mesma academia de ginástica. Ela também é alpinista. Foi ela que me escolheu. Gostei porque ela foi dominante, ativa, teve iniciativa, ao contrário de mim.*

M – COMO INTERPRETAR ESSA HISTORINHA? QUEM OU O QUE ESSE PERSONAGEM REPRESENTA, TRANSFERENCIALMENTE?

A palavra "escolher" tem um sentido bem preciso. Ela viu nele algum valor e isso conta, é claro; mas, talvez, o mais importante seja o fato de que ambos compartilham de um mesmo prazer, o alpinismo, sem que ninguém tenha que oferecer nada ao outro como moeda de troca. É uma "escolha" espontânea e genuína. Por isso é tão precioso.

Há mais um dado curioso em relação a essa mulher. Ela tem uma doença degenerativa. John diz que pretende cuidar dela quando ficar incapacitada. Como escutar isso? Quando não puderem mais praticar alpinismo juntos, ainda assim a amiga continuará sendo muito importante para ele. De fato, aqui temos zero moeda de troca. Será que, na língua dele, é assim que se diz "eu te amo"?

Há historinhas sobre os rapazes na Nova Zelândia.

Estudei em um colégio só de meninos. Eu odiava tudo lá. Eles eram "agressivos" (o paciente disse "agressive", cuja tradução não é exatamente "agressivo"). Eles conseguiam "intimidade" com as mulheres, mas eu não. Acho que é porque sou feio.

John racionaliza dizendo que se acha feio, magrelo e sem graça. Ele diz que, quando está perto de pessoas, se sente estressado, costuma ter problemas estomacais e reclama que sua mente "congela". "Eu fico travado, não consigo decidir o que fazer". Não sabe como se comportar.

Claro que tudo isso poderia se limitar a um problema de autoestima: ele se encolhe, não "vai à luta" como os rapazes da Nova Zelândia, mas tudo isso é consciente, é conteúdo manifesto. Seria possível escutar mais alguma coisa nessa historinha?

Vejam as armadilhas das traduções literais. Em inglês, *agressive* pode significar agressivo, no sentido de violento, mas no contexto de uma conquista amorosa, significa ousado, atirado, arrojado. Um investidor de perfil agressivo é aquele que não tem medo de perder capital, pois, como conhece o mercado, pode arriscar visando lucros mais polpudos no longo prazo. A própria alpinista, que ele descreve como dominante, ativa, com iniciativa, poderia ser descrita como "*agressive*".

Talvez não se trate de rapazes neozelandeses ousados porque têm o corpo sarado, mas jovens que podem arriscar porque "conhecem o mercado", isto é, dominam os códigos das abordagens sexuais, coisa que lhe escapa completamente. É isso que os outros têm e ele não tem. Tudo indica que é isso que ele chama de "sua falta de iniciativa". Ele de fato não vai atrás, não por falta de iniciativa, mas por não saber como se faz.

E aqui chegamos na hipótese que, até segunda ordem, vai guiar a nossa escuta e as nossas intervenções. Se John não tem a ousadia necessária para ir atrás, é porque *não tem ideia* de como se faz. E mais: ele *não tem ideia de que não tem ideia* de como se aborda uma mulher.

Não me refiro a aspectos objetivos do tipo "Dez dicas para conquistar uma mulher". Refiro-me ao que chamaríamos de "falta de noção" do que seja uma conquista amorosa. Aliás, o que será que as moças acham da foto de lenhador do seu perfil? Pode ser que funcione na Nova Zelândia ou em Berlim, mas a analista brasileira achou bizarro.

Ele traz outro relato que descreve o que ele chama de "sua falta de iniciativa". Quando tinha 12 anos, não conseguia ir ao McDonald's para comprar um lanche. Tentamos explorar essa historinha. O que ele imaginava que poderia acontecer? Não saberia o que escolher? Teria medo de enfrentar os atendentes? Segundo ele, ficava ansioso de não saber o que dizer, não saber o que fazer, como se comportar perante as pessoas. Para nós, esse "não saber como se comportar perante o atendente" é muito parecido com "não saber como se comportar com mulheres".

Já foi dito que ele usa e abusa dos aplicativos para ter mulheres. Pode ser uma estratégia para proteger seu narcisismo. Porém, aqui penso se tratar de outra coisa: telas e aplicativos são a praia dele. A linguagem da tecnologia é muito mais fácil do que a linguagem humana.

~

Vejamos o que temos até agora: na Nova Zelândia, John se sentia um *outcasted*, excluído, diferente. Preferência por telas e aplicativos. Não aguenta drama. A *naturalidade* com que – segundo a colega que apresenta o caso – ele diz que "não aguenta drama". Emoções são coisas indecifráveis e intraduzíveis. Sexo é moeda de troca. Namorar é ter uma pessoa fixa; é uma maneira de "se adaptar à sociedade".

Elenquei aqui alguns dos elementos que sensibilizaram minha escuta. É difícil explicar porque a atenção flutuante se detém neste – e não naquele – elemento do discurso do paciente. Para usar a linguagem de Bion, é difícil transmitir como surge o tal "fato selecionado" – aquele que, de repente, dá coerência ao material clínico (Sandler, 2021). Neste caso, acho que o fato selecionado não surgiu de repente. Ele foi surgindo aos poucos na forma de repetição de um impacto estético contratransferencial produzido pelo material clínico: várias de suas falas soavam bizarras, esquisitas. Supondo que não seja efeito da tradução do inglês para o português, então estamos diante de uma transferência peculiar.

O fato é que, juntando tudo isso, tem-se a impressão de que ele não conhece e não compartilha os códigos simbólicos do convívio social. A questão não parece ser o inglês ou o português, e sim uma falta de fluência na linguagem social, na dimensão compartilhada da linguagem. Não consigo resistir a dar um *spoiler*: se for isso, estaríamos diante de um núcleo autista, mas foi só no fim do segundo encontro que essa hipótese ganhou força.

Muitas vezes, quando estou trabalhando com uma historinha, o/a colega que apresenta o caso se lembra de outra. A associação livre do analista durante o ateliê é sempre muito preciosa. Aqui vem mais uma.

> *Minha mãe sempre foi dominadora. Meu pai bebia e era violento. Quando estávamos no velório dele, do nada, ela me disse: "seu pai não é seu pai". Foi assim que fiquei sabendo que o espermatozoide era de outro homem.*

M – COMO INTERPRETAR ESSA HISTORINHA?

A analista sente essa fala como violenta. Sim, é violenta. Mais que isso, a fala "seu pai não é seu pai" é *bizarra* porque reduz a paternidade que, bem ou mal, este homem exerceu a vida inteira (deixou-lhe uma herança), a um espermatozoide. É todo o universo simbólico que está sendo reduzido a uma dimensão concreta e literal.

Além disso, o modo como o faz – no velório, sem qualquer preparação – mostra a falta de noção do impacto emocional que uma revelação dessas produziria. Ela não parece reconhecer no filho um sujeito que pode pensar e sentir coisas no velório do pai. É parecido com "não aguento drama": John, tal como a mãe, não tem ideia da existência de uma coisa chamada mundo mental – nem do próprio, nem do outro.

Continuamos fazendo um esforço para entrar no universo subjetivo de John. Ainda não temos noção do lugar que a analista ocupa na transferência, nem tivemos notícias da contratransferência. Oppss, talvez algo que está bem na nossa frente indique o que está sendo agido, isto é, o que está se atualizando nesse campo transferencial.

O ponto de partida é a contratransferência. Temos que imaginar o esforço da analista para escutar analiticamente por meio de uma tela o discurso do paciente em inglês. Além disso, deve se entregar à atenção flutuante, deixar livre curso a suas associações e *rêverie, e ainda interpretar nesse idioma*! Será que esse grande esforço que se desconhece enquanto tal já não é um elemento contratransferencial relevante para iluminar a transferência?

Pena que não temos mais detalhes de como a analista viveu essa experiência. Não me ocorreu perguntar se estava à vontade, ou se ficava mais tensa. A comunicação não verbal funcionou, ou ficou prejudicada? Havia mal-entendidos e/ou tropeços com expressões idiomáticas ou gírias, como é comum quando se é fluente, mas não nativo. Sabemos que achava certas falas do paciente bizarras. Atribuía isso às diferenças culturais entre eles? Ao fato de estar atendendo em inglês?

Ao ler este material para autorizar sua publicação, nossa colega esclareceu que tinha dificuldade em se conectar com o paciente, não por causa do idioma, e sim pelo funcionamento psíquico dele. Não havia pensado na hipótese da atualização transferencial de um núcleo autista, como pudemos ir esclarecendo ao longo do ateliê.

Enfim, penso que há um sofrimento contratransferencial que não foi suficientemente percebido pela analista, nem por nós no ateliê. A colega trazia o material clínico em português, como se fosse uma análise comum, e talvez por isso não atentamos para as possíveis dificuldades.

Nesse sentido, não termos pensado que isso coloca questões em relação à atenção flutuante e à interpretação faz eco ao fato de o paciente não imaginar que isso poderia ser um problema, reduzindo, ele também, a fala a uma questão concreta de "mera fluência" no idioma. É aí que a contratransferência ilumina a transferência: para ambos, a linguagem foi reduzida a uma questão utilitária. Pois é evidente que, para ele, isso é um mero detalhe. Como se a fala da analista fosse a linguagem desse novo aplicativo – uma analista brasileira.

~

Voltamos à expressão que ele usou para falar de sexo: é uma *moeda de troca*. Enquanto escrevo, associo com aquelas máquinas em que você põe uma moeda e ela te dá uma barra de cereais. O que ele ganha da mulher por fazer sexo com ela? Companhia feminina, que atenua por algumas horas sua solidão? A sensação de estar se relacionando com outro ser humano?

De qualquer forma, ele fala de sexo de uma maneira bizarra. Seria algo mecânico para ele? Ou seria "maquínico", no sentido de ser uma *máquina de fazer sexo*? Atenção para o *spoiler*: mais tarde, vai surgir uma associação com um filme sobre uma garota autista que inventou uma *máquina do abraço*. Seja como for, esse tipo de sexo é uma garantia de que ele não vai ter que se sentir responsável emocionalmente pela relação.

Frente a essa discussão, a colega conta que, no início, pensou em traços perversos, já que ele coisifica o objeto, faz sexo como moeda de troca etc. Seria um planeta no qual não tínhamos pensado. O problema é que, por um lado, um perverso sabe perfeitamente jogar o jogo da sedução. E, por outro, ao contrário do perverso, nosso paciente até que tenta, mas não consegue deixar de se importar com o outro. Tanto que precisa fugir dos relacionamentos porque se sente sobrecarregado. Por enquanto, inclino-me mais para a hipótese de que *ele se vê como uma máquina que está quebrada* e que precisa ser consertada.

Outra historinha:

> *Fui com minha namorada e alguns amigos dela a uma casa noturna. Lá ela beijou um desses amigos, que era um homem trans.*

Quando a analista lhe perguntou o que sentiu, ele respondeu: "eu não me preocupei porque ele é uma mulher". É uma resposta esquisita. Ele não parece se dar conta da *bizarrice* da situação. Ela fica com um homem que tem vagina, e se tem vagina é mulher. Como a namorada não é gay, ele não se sentiu ameaçado. Não deixa de ser um jeito bastante literal de ver as coisas. Por outro lado, ficou mal ao ver a mulher beijando vários homens no clube. Poderíamos pensar que sentiu ciúmes, mas não. Ficou com inveja da facilidade com que ela consegue chegar nos homens e beijá-los. Queria ter a mesma ousadia e ser tão ativo quanto ela.

Todos esses questionamentos servem para transmitir aos e às colegas do ateliê a importância de irmos além da ideia do "macho alfa egoísta e sem empatia". Quando só enxergamos o adulto, nosso olhar se torna superegoico e nos tira a possibilidade de acessar o sofrimento da criança-no-adulto.

E de repente o sofrimento dele nos aparece!!!

Ele pensa que sofre porque não consegue uma namorada, uma companhia feminina estável ao invés de sexo ocasional, mas de repente "enxergo" John *desesperado para conseguir se sentir parte da comunidade humana*. "Ter uma namorada" deixa de ter o sentido comum e se transforma em "ter um passaporte" para fazer parte do sistema de trocas simbólicas humanas, do qual se sente *outcasted*.

Tudo que ele quer é se sentir como todo mundo, mas convenhamos que, para alguém com o seu psiquismo, é muito difícil *traduzir* uma ideia tão abstrata. "Ter uma namorada" é como a criança-nele consegue expressar o anseio de pertencer. Não é tão difícil de entender, se observamos a linguagem das crianças pequenas cujo repertório simbólico ainda é pobre. Lembro de um garotinho que dizia aos pais que queria ser menina. No contexto atual de identidades fluidas, tomaram essa afirmação de forma literal e acharam que, aos quatro anos, ele já se sentia uma menina. Investigando um pouco, o que ele queria era ser forte e grande como sua irmã mais velha. Para ele, ser uma menina = ser grande e forte.

Agora temos condições de imaginar como a incapacidade de tradução por parte do objeto primário, que parece levar tudo ao pé da letra, produziu solidão, isolamento e incomunicabilidade num nível mais profundo. Essa "falta de competência" o impede de transitar no mundo das emoções humanas e, portanto, de criar e manter vínculos significativos. *É um sofrimento que se desconhece enquanto tal*. Está clivado. Terá de ser elaborado e integrado.

O mais interessante é que começamos a ressignificar o modo como essa análise foi contratada, e que, com razão, nos soou bizarra. Este inglês criado na Nova Zelândia, vivendo em Berlim, poderia ter encontrado um analista fluente em sua língua lá mesmo. Ou, se era para ser online, por que não um analista inglês? Contratar uma análise online no Brasil, obrigando sua analista a falar num idioma que não é sua língua materna, continha, potencialmente, o risco de repetição desse traumático precoce, bem como de mal-entendidos devidos a traduções literais. Lembro que nossa colega disse que John descrevia os rapazes da Nova Zelândia como agressivos (*agressive*), quando o que ele queria dizer é que eram ousados. Não temos como saber se houve outros tropeços desse tipo, pois a colega nos apresentou o material clínico em português.

~

Mais uma historinha. Vejam como nossa escuta fica mais sensível agora que temos alguma noção de "quem" é John:

> *Conheci uma mulher "na vida real", sem aplicativo. Fomos juntos a um parque, parecia que ia rolar, mas na última hora ela não quis. O que há de errado comigo? Por que só consigo mulheres pelo aplicativo? Por que não consigo convencer uma mulher a transar comigo?*

Notem que ele não usa o termo seduzir, e sim *convencer*. Nesse contexto, soa bizarro, como se fosse um vendedor que tem que convencer alguém a comprar uma mercadoria indesejada. O que ele não sabe é que precisaria *seduzir* a mulher, levá-la a *desejar* transar com ele. Ao contrário dos rapazes da Nova Zelândia, John não tem ideia do que seja o jogo da sedução – ele não tem esse *chip*.

Nesse momento do ateliê, associo com uma piada que ouvi há muito tempo. Rui se queixa ao seu amigo que "não consegue mulher". Este lhe pergunta como é sua técnica. Ele responde que chega perto de uma mulher, olha bem para ela e pergunta: "quer transar comigo?". O amigo responde que não é assim. Tem que chegar com jeito, se apresentar, perguntar o nome, ir conversando e devagar levar a conversa para onde você quer. Rui diz que entendeu. No encontro seguinte, conta ao amigo que fez o que ele sugeriu, mas não deu certo. Abordou a mulher, disse que se chamava Rui e perguntou seu nome. Quando ela respondeu que se chamava Isabel, não hesitou: Isabel, quer transar comigo?

Sabemos que esse tipo de associação do analista é uma forma de sonhar o que o paciente desconhece de si mesmo. São imagens que se formam na mente do analista para tentar dar sentido a um buraco de representação na mente do paciente. Com mais rigor, essas imagens brotam do campo intersubjetivo formado por duas mentes, como mostra Ogden (2003). No Capítulo 2 –"Você sabe para que serve uma análise?", do volume 1, uma associação com um livro do Phillip Roth funcionou como *rêverie* que ajudou a entender por que a massagista de Oscar estava "mal-assombrada". No Ateliê 2 –"O adolescente sem saída", do volume 2, foi o filme *Cisne Negro* que nos ajudou a reconhecer que Paulo estava sendo usado como troféu narcísico pelo pai.

Inicialmente, essa *rêverie* me deixa em dúvida se estamos diante de um funcionamento mental *maquínico*, visto que John soa *artificial* e *sem noção* quando tenta se comportar como todo mundo. Se for isso, pensaríamos em um núcleo autista – ou, como se diz hoje, no espectro autista. Ou se estamos diante de um funcionamento operatório, concreto, ligado a uma pobreza simbólica, o que nos levaria para o lado de uma patologia do vazio.

Vejam como são dois planetas diferentes: uma coisa é não conseguir compartilhar os códigos simbólicos com as outras pessoas; outra coisa é ter um repertório simbólico compartilhado, porém muito empobrecido. Uma coisa é ter um *chip* precário, outra coisa é não ter o *chip*. Finalmente, opto por essa última hipótese. John não é um sedutor desastrado, a quem falta talento por ter um repertório pobre. Parece mais alguém que não consegue interpretar as situações de modo a se situar na dança erótica. Acaba sendo inadequado e fracassando. Aliás, veremos adiante o paciente querendo mudar o horário da sessão para começar um curso de dança.

Muitas historinhas se organizaram num quadro coerente e consistente quando escutadas por esse crivo: "John é inadequado e fracassa porque não consegue interpretar as situações a partir de códigos simbólicos compartilhados socialmente". Agora, situações que pareciam bizarras, e por isso mesmo aguçaram as orelhas psicanalíticas, ganham inteligibilidade: procurar alguém de outra cultura para fazer análise; garantir que não haverá contato presencial e limitar o contato online a uma sessão por semana; não aguentar relações próximas pela incapacidade de lidar com as emoções próprias e alheias; preferir viver atrás de telas e aplicativos; a pobreza de vínculos sociais; ver a namorada beijando vários homens e sentir inveja de sua capacidade de seduzi-los.

~

A incapacidade para decodificar certas situações humanas o obriga a agir de forma mecânica, artificial, rígida, aprendendo intelectualmente algo que deveria ser da ordem de um conhecimento intuitivo e natural. Passar da transa via aplicativo a um namoro convencional exigiria essa capacidade. Como o rapaz da piada, suas atitudes não estão lastreadas numa compreensão emocional. Faz sentido que ele seja um tanto esquisito. Nessa linha, ele escolhe Berlim porque, como cada um vive como quer, ninguém vai reparar em sua esquisitice. E o fato de ele não conhecer os códigos fica camuflado pelo fato de ser um expatriado, que de fato não conhece muitos dos códigos do novo país.

Sempre pergunto por que o/a colega escolhe determinado caso para levar ao ateliê. Com frequência, descobrimos que ele ou ela intui que há uma questão contratransferencial a ser elaborada para relançar um processo analítico estagnado. Às vezes, o/a colega consegue dizer o que o aflige, às vezes a contratransferência ainda está inconsciente.

No caso desta análise, acredito que a analista trouxe o caso porque sua contratransferência acusava uma *estranheza difícil de pôr em palavras*. Era difícil saber se essa estranheza se devia ao filtro/pasteurização da comunicação por meio de uma tela (todos tivemos o impacto de conhecer ao vivo um paciente atendido apenas online durante a pandemia), ou se tinha a ver com o fato de ter que conduzir uma análise em inglês. Ou, ainda, se por algum elemento que deveria ser entendido como efeito de um tipo particular de transferência.

Talvez as três alternativas sejam verdadeiras, mas a que mais me interessa é pensar que, pelo menos em parte, a estranheza traduz a atualização e a transferência de um núcleo autista. Em algum momento, associo com o filme *Temple Grandin* (Jackson, 2010). É a história de uma menina autista. A mãe percebe que a filha é diferente das outras crianças, mas não sabe o que é. Até que um professor, que observava com atenção seu comportamento, entendeu que sua mente funcionava com uma lógica e uma sensibilidade muito particulares. Não só isso foi um enorme alívio, como foi o começo de uma carreira brilhante. Sua percepção das reações emocionais dos animais que iam para o matadouro a levou a propor um método que influenciou a indústria agropecuária nos EUA.

Recordo-me da cena em que ela está no velório de alguém com quem tinha convivido de perto. Temple está em pânico porque vê as outras pessoas demonstrando grande sofrimento pela perda, mas nada disso faz sentido para ela. Ela se identifica com o sofrimento dos animais, mas o dos humanos lhe é estranho. É parecido com "não aguento drama" ou "sexo é uma moeda de troca" de John: revela uma estranheza e uma impossibilidade de compartilhar reações emocionais básicas. Na mesma linha, Temple inventa uma "máquina do abraço" porque não tolera o contato humano. John usa algo parecido: os aplicativos para encontros sexuais, e sexo como moeda de troca.

Vários colegas do ateliê conheciam esse e outros filmes sobre autistas. Um colega se lembrou de um paciente seu que foi submetido a terapia cognitivo-comportamental para adquirir habilidades sociais. Reconheceu que é possível treinar o paciente, mas o resultado esbarra o tempo todo na *falta de naturalidade* do comportamento aprendido. O paciente fica exausto pelo esforço de ter que funcionar num registro que não é o seu.

Nesse ponto, achei que já tínhamos elementos para trabalhar a partir de uma sessão dialogada. O pensamento clínico construído reverte agora para a clínica, ajudando a continuar escutando analiticamente e orientando as intervenções do analista. Solicito, então, uma sessão dialogada.

Terceiro encontro

Confesso que esperava uma sessão recente, mas a colega traz uma sessão que havia anotado *antes* dos nossos encontros. Sua escuta ainda não estava sensibilizada pela discussão clínica, mas tudo vale a pena se a alma não é pequena: foi interessantíssimo porque pudemos reconhecer os pontos em que nossa colega conversa com um paciente que *não é o nosso John* – e como suas respostas confirmam nossas hipóteses.

Nossa colega conta que John solicita uma mudança de horário para poder fazer aulas de dança. Antes de aceitar ou recusar, tenta investigar o que mais poderia estar "embutido" nesse pedido. É o que costumamos fazer. Sabemos que pode ser produtivo com alguns pacientes, mas não com outros. Eu poderia apostar que John acharia essa conversa bizarra. Quer fazer aulas de dança, o horário coincide com o da sessão, é apenas uma questão de agenda. Como ainda veremos, as respostas que ele dá à analista indicam como ele "leu" sua intervenção.

Quando escuto o relato da analista, sou transportada de volta à cena no velório do pai. O comentário da mãe soa bizarro naquele contexto ("teu pai não é teu pai"). Parecia mais conectada com a orientação de algum psicólogo do que guiada por sua sensibilidade de mãe. Lembra também o que o colega comentou a respeito da terapia comportamental de autistas: eles até aprendem o comportamento socialmente esperado, mas soa artificial e forçado.

Pois bem: quando nossa colega tenta investigar *o que haveria por trás da solicitação do paciente*, fiquei com a mesma sensação. Ela parecia estar "aplicando" um conhecimento aprendido, sem enxergar quem é o paciente que está ali. Longe de ser uma crítica, entendo esses elementos como *análogos* ao campo intersubjetivo no qual John precisou se constituir como sujeito. Quando se atualiza na transferência, paciente e analista tendem a funcionar de forma um tanto *literal*, entendendo a comunicação ao pé da letra.

M – VOLTANDO À SOLICITAÇÃO DE JOHN. O QUE VAMOS PRIVILEGIAR: O PEDIDO DE MUDANÇA DE HORÁRIO, OU O SIGNIFICANTE "AULA DE DANÇA"?

Vejam bem. Estamos o tempo todo atrás de telas, é alguém que tem dificuldade em se comunicar com outro ser humano, que gosta de alpinismo. Quando escuto "aulas de dança", fico sensibilizada por sua tentativa de usar o corpo de uma maneira diferente. Dança me remete a coreografia corporal, que é uma forma de linguagem primitiva. Tudo isso faz parte do pano de fundo de minha escuta, de modo que o significante "dança" me parece mais importante do que a questão do horário. Agora que "enxergamos" quem é John, o que seria "aula de dança" para ele? Proponho fazermos exercícios de escuta.

- *Poderíamos escutar "aprender a dançar" como necessidade de retomar a linguagem mais básica de um ser humano, bem anterior à fala, que é a coreografia corporal entre mãe e bebê.*
- *Poderia significar também uma tentativa de sentir o corpo mais vivo – dois corpos em presença sem a mediação de uma tela.*
- *Poderia ser uma tentativa de desenvolver um suposto instrumento de sedução, ou ainda na linha meramente comportamental (seguindo algum manual, isto é, de fora para dentro), ou já num plano em que a sedução começa a fazer sentido para ele (de dentro para fora).*
- *Poderia ter ainda um valor simbólico, remetendo a uma situação erotizada entre paciente e analista.*

São exercícios de escuta, mas eu não diria nada disso a John porque ele acharia bizarro. Para ele, aula de dança é aula de dança. Temos que respeitar isso. Por isso, o mais prudente é simplesmente comentar "que interessante, você está interessado em aprender a dançar, o que te motivou, quais suas expectativas?".

Fico curiosíssima para saber o que ele teria respondido!

~

Diante da insistência da analista em tentar interpretar a solicitação de mudança de horário, vejam o que ele responde.

"*O teu apego emocional a mim está interferindo no nosso trabalho...*". A colega estranha a resposta, pois demora para se dar conta de que, ao trazer algo que é relevante para ela, mas não para ele, ela foi transformada numa daquelas mulheres que exigem demais dele. Ela está, por assim dizer, "fazendo drama". É justamente isso que ele evita, pois, como não tem o equipamento psíquico para lidar com o que ele chama de "responsabilidade pelos estados emocionais delas", ele se retraumatiza.

"*... você está dizendo que não estou dando prioridade a você*". É assim que ele lê a intervenção dela, que pretendia ser investigativa, mas que para ele é mais uma mulher se queixando de não ser prioridade em sua vida.

"*Você pensa num relacionamento tradicional monogâmico*". Como no planeta dele a conversa toda não faz sentido, acaba usando as referências que possui. A analista estaria se sentindo traída porque ele quer fazer dança no horário da sessão, como se esperasse dele um compromisso "monogâmico", tradicional.

Retomando o fio da meada. Nessa sessão, a colega parece estar identificada a uma mãe que "aprendeu" as coisas *by the book*, conforme o manual, e tenta aplicá-las literalmente, exatamente como John tenta fazer na vida. Isso indica um caminho para o trabalho analítico: responder no nível em que o paciente de fato está para que a comunicação faça sentido, e principalmente para que ele não se sinta exigido para além do que pode dar.

Temos um fragmento da sessão seguinte a essa.

> *Estou deprimido, esmagado pelos sentimentos da namorada, escravo das emoções dela. Estou preocupado porque ela está com um rapaz que só quer transar, e que não enxerga as necessidades dela. Ela está sofrendo muito.*

Esse material pode ser escutado como alusão à sessão anterior, vivida como um retraumatismo. Precisamos resgatar John lá onde ele está. Por exemplo, a analista poderia reconhecer que insistiu em pontos que não fazem sentido para ele. E que talvez ele esteja procurando, por meio da dança, se sentir melhor com seu corpo, ou se comunicar melhor com as mulheres. É uma tentativa de recuperar o vínculo, retomando a dança transferencial interrompida quando um pisou nos pés do outro.

Confirmando o valor desse tipo de intervenção, a analista nos conta que ele pesa 57 quilos, o que nos ajuda a imaginar a necessidade urgente que esse corpo tem de ser investido e libidinizado. Dançar é certamente uma maneira de fazer isso.

Quarto encontro

A analista conta que o paciente vem com uma lista de coisas que quer falar na análise. Ele divide essas coisas em "tangíveis e intangíveis". Das coisas tangíveis, está em dúvida se quer continuar trabalhando, ou não (ele tem dinheiro e não precisa trabalhar). Expõe seus motivos e conclui que sim, quer continuar trabalhando, é bom estar o tempo todo no computador, é sua zona de conforto.

Depois diz que vai dividir a semana em dois dias para trabalhar, dois dias para fotografar e três dias para socializar. Vemos aqui o que estamos chamando de funcionamento *maquínico*. Não existe a possibilidade de trabalhar de manhã, fotografar de tarde e socializar de noite, ou em qualquer outra ordem que lhe dê na telha. Esse funcionamento organiza tudo em compartimentos estanques, é sua zona de conforto, *mas é também a zona de desconforto*.

Em seguida, ele compara as mulheres de Berlim com as da Nova Zelândia. As primeiras são do tipo *business*, estão sempre correndo. É confortável porque a relação é aberta e ele não precisa se responsabilizar por elas. Mas nessa sessão, pela primeira vez, ele fala de uma mulher que deixou na Nova Zelândia, e com quem ele fazia um tipo de sexo *que se conectava muito com ele*. Era descontraído, espontâneo e livre (na minha escuta, a coreografia corporal – as aulas de dança, lembram? – funcionava bem).

Quando se mudou para Berlim, se despediu dela chorando. Pela primeira vez, vemos o paciente sofrer de verdade. Sabia que estava perdendo algo precioso, mas não tinha opção: seria impossível ficar, já que ele não suportaria um vínculo excessivamente próximo, e ela não era o tipo de garota para "abrir a relação".

Nesse sentido, Berlim e Nova Zelândia podem ser escutados respectivamente como dois tipos de *mindset*: funcional e emocional. Berlim/funcional é sua zona de conforto, mas é emocionalmente árido; Nova Zelândia é emocional/humano, mas traz tensões e exigência de trabalho psíquico acima de suas capacidades.

M – COMO O PENSAMENTO CLÍNICO ELABORADO ATÉ AQUI PODERIA REVERTER PARA A CONDUÇÃO DESSA ANÁLISE?

Ele separa rigidamente setores da vida psíquica e da vida em geral. A estratégia seria, então, bagunçar um pouco o coreto. Trazer um pouco de "Nova Zelândia" para "Berlim", que é onde ele está, mentalmente falando. A ideia é engrossar o caldo da comunicação humana no campo transferencial. A analista ocuparia o lugar dessa mulher *que se conectava com ele*, mas que ele perdeu – deixou-a lá longe, na Nova Zelândia.

Por exemplo, quando ele fala das divisões dos dias da semana – dois dias para isso, três dias para aquilo – poderíamos perguntar "e se num mesmo dia você tiver vontade de trabalhar de manhã e fotografar de tarde? É muita bagunça na sua vida? Talvez o dia fique mais interessante com um pouco de cada coisa!".

Outra sugestão é incorporar nas nossas intervenções expressões provenientes do léxico dele, tal como "zona de conforto", ou então "coisas tangíveis e intangíveis". É uma maneira de começar a falar a mesma língua do paciente – e aqui não me refiro ao inglês, mas a algo mais básico, uma comunicação que mostre à criança-no-adulto que estamos com ele lá onde ele está.

E ainda, poderia ser produtivo conversar com ele sobre fotografia. A estratégia é tocá-lo de modo a abrir espaço para que sua subjetividade – o gesto espontâneo – possa se manifestar e ser acolhida.

A analista nos contou que foi por esse caminho. Perguntou-lhe o que gosta de fotografar. John responde que tira fotos de suas escaladas. Podemos dar mais "dois passinhos para lá e dois para cá", dando continuidade a essa "coreografia incipiente" perguntando, por exemplo, que detalhes das escaladas ele gosta de registrar. Seria a paisagem? A expressão de esforço no rosto dos colegas que escalam com ele? Os pés buscando apoio nas rochas? A tal amiga? Afinal, a fotografia também é uma forma de linguagem, e das mais expressivas!

Vejam que interessante. Se os dois se engajarem e tiverem prazer nesse tipo de troca, então a "aula de dança" que ele queria fazer no horário da sessão poderá acontecer também no aqui e agora do campo transferencial.

Ao ler o texto para autorizar sua publicação, a colega gentilmente acrescentou um comentário. Já mencionei um trecho, mas agora vou inseri-lo na íntegra.

> *Apresentar este caso no ateliê me pareceu uma ótima oportunidade de escutar este atendimento sob uma outra perspectiva porque, apesar de não me sentir à vontade, não me sentia tensa, porém percebia que não me conectava com ele em profundidade. Percebi, fazendo o ateliê, que minha escuta o considerava como um neurótico. Lembrei agora escrevendo aqui que o cenário onde John fazia as sessões foi se alterando ao longo dos dois anos em que tivemos as sessões antes do ateliê. Atrás dele se via uma parede branca da sala de estar do apartamento, depois de alguns meses, via-se uma estante com prateleiras, porém vazia. Alguns meses depois, uma planta na estante, mais tarde surgiu uma mesa. Com o passar do tempo, o segundo plano, o "pano de fundo", foi se enriquecendo. Um dia, o paciente precisou fazer a sessão do quarto, pois havia uma outra pessoa no apartamento. Ele fez a ligação sentado na cama recostado na parede que era preta. Aliás, lembrei também que ele só usava dois tipos de cores, preto ou cinza. Não tinha roupas de outras cores.*

O que aprendi com este ateliê?

Este ateliê foi surpreendente para mim porque, apesar de ser um atendimento online, foi possível reconhecer no material clínico a atualização de um núcleo autista. Digo "surpreendente" porque eu tinha a ideia de que o presencial seria incontornável no atendimento desses pacientes. Ao contrário disso, acabamos entendendo que, em função de sua problemática, o online veio a calhar para John: "dois corpos em presença" seria uma experiência excessiva para ele.

Também nunca tinha pensado nas implicações de se contratar uma análise numa língua estrangeira. O funcionamento do aparelho psíquico se expressa pela linguagem no sentido amplo do termo. Portanto, a fala em análise não é meramente funcional. Quando isso está claro para analista e paciente, não é um problema incontornável. O problema é que aqui não sei se estava tão claro para a analista (que mencionou brevemente a questão do sotaque), e com certeza não era absolutamente uma questão para o paciente. Para ele, contratar uma análise era baixar um novo aplicativo. E a linguagem do aplicativo-analista é o inglês funcional. É isso que gera o barulho e a "estrangeiridade", e não os idiomas no seu sentido concreto.

Ele poderia falar em português, e mesmo assim teríamos que traduzir (!) "quero ter uma namorada porque a sociedade espera que você tenha uma" por "não aguento mais me sentir um *outcasted* na vida; quero ter uma namorada porque é um passaporte para fazer parte da sociedade, para me sentir incluído na comunidade humana, para ser como todo mundo".

Referências

Gostaria de prestar um esclarecimento em relação às referências bibliográficas dos vários volumes que compõem a *Série Ateliê Clínico*.

Os ateliês são atividades cujo ponto de partida sempre é material clínico. Meu foco é a escuta e a elaboração de um pensamento clínico, o que supõe que a teoria está sempre lá como pano de fundo da dinâmica de cada encontro. Falo a partir do repertório teórico-clínico criado-achado ao longo de todos esses anos, a maior parte do qual está publicada nos meus livros, com as respectivas referências.

Não tenho a intenção de escrever textos que funcionem como referência para trabalhos acadêmicos, mas propor uma conversa despretensiosa que seja útil para a prática clínica de jovens colegas. Por essa razão, no calor dos ateliês aqui relatados, raramente cito meus autores de referência. Mas estou o tempo todo usando ideias que, como disse, foram criadas-achadas na minha relação (de incorporação canibalística?) com todos eles. Você vai notar que elas se repetem em muitos dos ateliês justamente porque são o fundamento da minha clínica.

Abram, J. (2020). *A linguagem de Winnicott*. Thieme Revinter.

Chervet, E. (2017). Patient, et interprète. Le domaine intermédiaire. *Revue française de psychanalyse, 81*, 1301-1365. DOI: 10.3917/rfp.815.1301. https://www.cairn.info/revue-francaise-de-psychanalyse-2017-5-page-1301.htm.

Ferenczi, S. (1991). Transferência e introjeção. In *S. Ferenczi, Psicanálise I*. Martins Fontes. (Trabalho original publicado em 1909)

Freud, S. (2010). Introdução ao narcisismo. In *Introdução ao narcisismo, ensaios de metapsicologia e outros textos* (Coleção Obras Completas, Vol. 12). Companhia das Letras. (Trabalho original publicado em 1914)

Freud, S. (2010). Observações sobre o amor de transferência. In *Observações psicanalíticas sobre um caso de paranoia relatado em autobiografia ("O caso Schreber"), artigos sobre técnica e outros textos* (Coleção Obras Completas, Vol. 10). Companhia das Letras. (Trabalho original publicado em 1914-1915)

Freud, S. (2011). A dissolução do complexo de Édipo. In *O Eu e o Id, "autobiografia" e outros textos* (Coleção Obras Completas, Vol. 16). Companhia das Letras. (Trabalho original publicado em 1924)

Freud, S. (2014). Inibição, sintoma e angústia. In *Inibição, sintoma e angústia, O futuro de uma ilusão e outros textos* (Coleção Obras Completas, Vol. 17). Companhia das Letras. (Trabalho original publicado em 1926)

Freud, S. (2016). Análise fragmentária de uma histeria ("O caso Dora"). In *Três ensaios sobre a teoria da sexualidade, Análise fragmentária de uma histeria ("O caso Dora") e outros textos* (Coleção Obras Completas, Vol. 6). Companhia das Letras. (Trabalho original publicado em 1905)

Freud, S. (2019). *A interpretação dos sonhos* (Coleção Obras Completas, Vol. 4). Companhia das Letras. (Trabalho original publicado em 1900)

Green, A. (2005). O intrapsíquico e o intersubjetivo: pulsões e/ou relações de objeto. *Revista de Psicanálise da SPPA*, *12*(1), 51-83.

Jackson, M. (Diretor). (2010). *Temple Grandin*. [Filme-Vídeo]. Ruby Films; Gerson Saines Productions.

Klein, M. (1991). Notas sobre alguns mecanismos esquizóides. In *Obras Completas de M. Klein* (Vol. III). Imago. (Trabalho original publicado em 1946)

Minerbo, M. (2016). Trauma e simbolização. In *Diálogos sobre a clínica psicanalítica* (p. 81-106). Blucher.

Minerbo, M. (2023). *Notas sobre a aptidão à felicidade*. Blucher.

Ogden, T. (2003). What's true and whose idea was it? *The International Journal of Psychoanalysis*, *84*(Pt 3), 593-606. https://doi.org/10.1516/002075703766644634

Roussillon, R. (2012, ago.). O desamparo e as tentativas de solução para o traumatismo primário. *Revista de Psicanálise da SPPA*, *19*(2), 271-295.

Sandles, P. C. (2021). *A linguagem de Bion*. Blucher.

Schmid, J. (2008). Passion amoureuse et clivage du moi: une théorie de la passion est-elle possible? *Psychothérapies*, *28*, 189-200. https://doi.org/10.3917/psys.083.0189

Winnicott, D. W. (1994). O jogo do rabisco. In C. Winnicott, R. Shepherd, M. Davis (orgs.). *Explorações psicanalíticas D. W. Winnicott*. Artmed. (Trabalho original publicado em 1971)

Winnicott, D. W. (2021). O ódio na contratransferência. In *Da pediatria à psicanálise*. Ubu. (Trabalho original publicado em 1947)